어느 인사쟁이의 행복 직장 이야기

정년을 앞둔 30년 경력의 인사 전문가가 전하는
행복한 직장생활의 지혜와 인사 노하우

어느 인사쟁이의 행복 직장 이야기

초판 1쇄 발행 2023년 1월 6일

지 은 이 이재원
펴 낸 이 김희경
기획편집 왕태근
디 자 인 홍지연

펴낸 곳 느티나무가 있는 풍경
주소 경기도 남양주시 가운로 4길 6-8 302호(다산동)
전화 031. 555. 6405 **FAX** 031. 567. 6405
출판등록 제399-2020-000042
ISBN 979-11-981489-0-2

행복한 직장생활의 지혜와 인사 노하우

"사람이 출발이고 사람이 종착점이라는 것은
사람에 대한 믿음이 있을 때 가능하다.
인재는 하늘에서 내려 보내고,
인재를 선발하는 것은 사람의 몫이다.
인재는 시대와 시간을 떠나서
늘 있다는 것이 인사의 정신이다."

목 차

선배가 후배에게 들려주는
행복한 직장생활 비법을 공개한다

프롤로그

사람이 시작이고 사람이 마무리라는 공식은 사람에 대한 믿음에 있다

한 사람이 태어나려면 하늘이 문을 열어주어야 한다. 한 사람의 탄생은 하늘이 주관한 일이다. 사람의 일 중에서 사람을 다루는 일은 큰일이다. 일의 출발은 사람이고, 일의 마무리도 사람이다. 사람을 제 자리에 앉히면 어려움이 있어도 극복해간다. 사람이 시작이고 사람이 마무리라는 공식은 사람에 대한 믿음에서 종결된다.

성인이 되어 사회로 나간 첫 출발은 직장이었다. 대학을 졸업한 1987년부터였다. 올해로 만 36년째다. 그중 30년을 인사人事 분야

에서 일했다. 이른바 '인사쟁이' 다.

한 직업에 오래 근무한 사람들에게 접미사 '~쟁이' 를 붙여서 부른다. 어감이 얕잡아 부르는 것 같아 일반적으로 달갑지 않아 한다. 내게는 '인사쟁이' 라는 말이 반갑다. 오히려 정겹다. 남들이 나에게 무슨 일 하느냐고 물으면 망설임 없이 '인사쟁이' 라고 스스럼없이 이야기한다.

돌이켜 보면 인사 분야 이외의 다른 일을 해 보고 싶었다. 몇 차례 다른 분야로 옮겨 보려고 시도했다. 잠시 다른 분야의 일도 해봤다. 다른 일을 할 땐 왠지 나에게 맞지 않는 옷을 입고 있는 듯 어색했다. 이내 나의 본래 자리로 되돌아왔다. 가만히 생각해 보았다. 내게 가장 맞는 일, 내가 가장 잘할 수 있다고 생각한 일이 인사였던 것 같다.

지금까지 다녔던 회사들을 살펴보았다. 의도했든 의도하지 않았든 다양한 회사들을 경험했다. 처음 입사한 회사는 국내 굴지의 그룹사에 속한 완성차 대기업이었다. IMF 외환위기 후에는 당시 한창 벤처 붐이 일 때 강남 테헤란로에 있는 한 작은 스타트업 기업에서 잠깐 근무한 적이 있었다. 이후 외국계 기업에서 비교적 오래 근무하였다. 또한, 기업들의 인사, 조직, 전략 등에 관한 조언을 해주는 컨설팅 업무를 잠시 했다.

국내 대기업, 소규모 벤처회사, 외국계 기업 등 다양한 회사에서 인사업무와 컨설팅 업무를 맡았다. 다른 업종, 다른 조직문화에서 다양한 인사제도를 경험한 것은 개인적으로 성장의 기회였고, 나의 경력개발에도 많은 도움이 되었다.

흔히들 '인사가 만사萬事' 라고 한다. 인사가 그만큼 중요하다는 것을 강조하는 말이다. 그러나 생각만큼 원활하게 작동되지 않는 것이 현실이다. 인사가 다른 분야와 비교하여 몇 가지 구별되는 특징이 있기 때문이다.

인사의 가장 큰 특징은 다른 분야는 기계, 물건, 제품, 돈 등 무생물을 주로 다루는 데 반해 인사는 사람을 다룬다는 점이다. 무생물을 다루는 다른 분야는 표준화, 단순화, 자동화가 용이하나 인사업무는 그게 쉽지 않다. 왜냐하면, 인간은 백이면 백, 천이면 천 모두 생각과 행동이 제각각 다르기 때문이다. 또 인사는 외부고객이 아닌 내부직원이라는 고객을 상대한다는 점이다. 흔히 영업에서 얘기하는 외부고객 만족을 위해서 기업들이 많은 노력을 기울이는

데 반해 내부고객인 직원 만족을 위해서는 그만큼의 노력을 기울이지 않는다. 왜일까. 직원 만족이라는 것이 곧바로 회사의 매출이나 실적에 나타나지 않기 때문이다. 설령 있다 하더라도 성과를 측정하기도 어렵다.

인사업무에 대한 중요함과 효과를 과소평가하는 경우가 많다. 인사부서나 인사부 직원들을 회사의 중요한 부서가 아니라고 생각하거나, 그렇고 그런 일을 하는 사람쯤으로 여기는 경우도 있다. 참으로 안타까운 일이다.

인사업무를 하면서 때론 보람과 환희를, 때론 좌절과 상실감을 맛보기도 했다. 새로운 공장을 짓고, 운영할 대규모 인력 채용 프로젝트를 성공적으로 마무리하였을 때, 새로운 인사제도를 도입하고 조직에 순조롭게 안착시켰을 때, 채용한 사람들이 자기 분야에서 두각을 나타내고 실력 발휘를 할 때 인사업무를 참 잘 선택했다며 뿌듯함과 보람을 느꼈다. 그러나 경영악화로 어쩔 수 없이 인력 구조조정을 주도하는 경우가 되거나, 어렵게 채용하여 미래 회사를 이끌어갈 인재로 키우기 위해 많은 교육투자를 하였는데 돌연 사표를 내고 회사를 떠나는 경우, 노사 간 교섭이 결렬되고 쟁의행

위로 이어져 생산이 중단되고 고객사에 납기에 납품하지 못하는 일이 발생할 때 말할 수 없는 아픔과 좌절, 상실감을 느끼기도 했다.

인사업무 한 분야에서 장기적으로 근무할 수 있었던 데에는 결코 나 혼자의 힘으로는 불가능했다. 무슨 일을 어떻게 해야 할지 방향을 잃고 길을 헤맬 때 올바른 길을 인도하고 답을 제시해 준 많은 선배가 있었다. 힘든 일이 있을 때 함께 고민해 주고 격려해 주었던 동료도 있었다. 어떤 목표를 향해 갈 때 기꺼이 동참하고 열정적으로 도와준 수많은 후배도 있었다. 지금 생각해 보니 모두가 지금의 나를 있게 해준 나의 스승이었다. 세상의 모든 것들이 스승이 되어 나를 깨워주었다. 참으로 감사한 일이다.

직장인들은 행복한 직장생활을 하고 있는지, 그리고 좀 더 나은 직장생활을 하기 위해서는 어떻게 해야 하는지 늘 고민한다. 나의 직장생활도 늘 이러한 고민의 연속이었다. 그래서 오래전부터 직장인의 고민에 대해 직장생활을 마감할 때쯤 꼭 한 번 나의 이야기를 책으로 쓰고 싶다는 생각을 했다. 이 책은 나의 지난 인사업무 분야에서 근무한 경험을 바탕으로 생각을 정리한 것이다.

책은 총 3부로 구성되어 있다. 1부 '직장에서 행복 찾기' 는 행복한 직장생활은 무엇인지, 그리고 행복한 직장생활을 위해 어떻게 하여야 하는지에 대한 개인적인 생각과 경험들을 이야기하였다. 2부 '행복한 직장생활 비법 찾기' 는 행복하고 성공적인 직장생활을 위해서 필요한 것은 무엇인지, 특히 인사 관점에서 고려해야 할 사항들을 정리해 보았다. 마지막 3부는 '인사쟁이 따라하기' 이다. 오랫동안 인사업무를 한 경험자로서 인사에 대한 주요 쟁점들에 대해 평소 나의 생각과 의견을 제시해 보았다.

이 책이 오늘 이 시간에도 묵묵히 맡은 분야에서 열심히 일하고 있을 모든 월급쟁이 직장인들, 그리고 인사를 천직으로 생각하며 더 나은 인사를 위해 노력하고 있는 자칭 '인사쟁이' 들에게 조금이나마 공감과 위로가 될 수 있다면 더 이상 바랄 것이 없겠다. 부족하지만 완성을 향해 가는 사람에 대한 애정으로 이 글을 쓴다.

이 책의 완성도를 높이기 위해 책의 구성과 교정에 도움을 준 동생 이재종에게 고마움을 전한다. 끝으로 내 졸고의 출판을 허락하고 예쁜 한 권의 책으로 만든 〈느티나무가 있는 풍경〉 출판사의 김희경 대표님에게 진심으로 감사드린다.

인사는 하늘의 일을 일부 빌려와 하는 일

1부
직장에서 행복 찾기

“

행복의 비밀은 자신이 좋아하는 일을 하는 데 있는 것이
아니라 자신이 하는 일을 좋아하는 데 있다.

”

- 제임스 M. 배리 -

직장인에게 행복은 열정을 깨우는 비타민

행복은 경제 순이 아닌가 보다. 한국인의 행복지수에 대한 슬픈 현실을 살펴보자. 유엔 산하 자문기구인 지속가능발전해법네트워크SDSN가 2022년 3월에 발표한 '2022 세계 행복 보고서'에 따르면 한국은 조사 대상 전 세계 146개국 중 59위를 차지했다.

사회보장제도가 잘 되어 있는 핀란드, 스웨덴, 덴마크 등 북유럽 국가들이 대체로 높은 순위를 나타냈다. 다른 기관의 조사에 의하면 부탄, 네팔 같은 가난한 나라들의 행복지수가 높다는 발표도 있었다. 한국은 경제 규모나 1인당 GDP 순위 등과 비교해서 행복지수는 높지 않았다. 행복이 단순히 경제적으로 풍요롭게 사는 것과 일치하지 않는다는 것을 보여준다.

그렇다면 우리나라 직장인들의 행복지수는 어느 정도일까. 최근 삼성경제연구소가 실시한 설문조사 결과에 따르면 한국 직장인의 행복지수는 100점 만점에 평균 55점에 불과했다. 60점에도 못 미치니 낙제점이다.

직장인들은 전체 삶 중에서 상당한 시간을 회사에서 보낸다. 이른 아침에 출근해서 퇴근할 때까지 정상근무시간 외에 야근, 주말근무, 회식 등을 모두 고려하면 집에 있는 시간보다 회사에서 일하는 시간이 훨씬 길다. 우리가 무엇을 위해 사는가. 다 행복해지자고 살고 있다. 한데 삶의 반 이상을 차지하는 직장생활이 이처럼 불행하다면 이건 여간 심각한 문제가 아니다.

직장인이라면 누구나 행복한 직장생활을 꿈꾼다. 대학 졸업 후 첫 직장을 잡으면서 내가 생각하는 행복한 직장생활을 마음속으로 그린 적이 있었다. 어느 정도 만족스러운 월급을 받으면서, 내가 하고 싶은 일을 하고, 퇴근 후에는 내 취미생활과 자기계발도 하는 그런 멋진 삶을 말이다.

꿈과 현실은 많이 다르다. 직장생활을 하면서 처음부터 자기가 하고 싶은 일을 하는 경우는 많지 않다. 학교에서 배운 전공과 전혀 무관한 업무에 배치되는 경우가 대부분이고, 업무가 숙달되기 전까지 복사하기, 심부름하기와 같은 허드렛일부터 시작하는 게 보통이다.

이런 일을 하려고 회사에 들어왔나 하는 자괴감마저 들기도 했다. 업무시간 종료와 함께 퇴근하는 것도 쉽지 않았다. 지금은 윗사람 눈치 크게 보지 않고 자기 일만 마치면 칼퇴근 한다. 예전에는 제일 윗사람부터 직급 순서대로 퇴근하는 것이 거의 불문율이었다. 월급에 대해서는 사람마다 기준이 다르다. 보통은 아쉽다고 생각한다. 하는 일에 비해 적다고도 생각한다. 그래서 우리나라에서 연봉이 높은 회사 이름들이 나열되는 뉴스를 볼 때면 부러움을 넘어 주눅이 들기도 한다.

그래서일까. 전체 직장생활을 관통하는 나의 관심사는 직장인들의 행복에 관한 것이었다. 내가 했던 일이 주로 인사업무인 이유도 있었다. 인사는 사람을 상대하고 사람을 관찰하고 사람을 파악하는 일이다. 직원들이 자기 일에 만족하고 행복하게 직장생활을 할 수 있는 방법을 고민하는 자리다. 그래서 상대적으로 사람에 대한 생각을 많이 하지 않았나 생각한다.

회사에서 나의 위치가 직원들의 월급을 마음대로 조정할 정도의 권한은 아니었지만, 적어도 어떻게 하면 공정한 보상을 할 수 있을까를 고민하였다. 또 직장인들의 스트레스를 줄여줄 방법, 자기계발을 위한 방안, 사내 취미동아리 활동 등을 통해 동료 간의 끈끈한 인간관계를 만들 방안도 주된 관심 사항이었다.

한때 다녔던 한 직장에서의 일이다. 외국계 회사로 회사 조경이 대학 캠퍼스나 연구소를 방불케 할 정도로 아름다웠고, 직원들의 복지, 근무조건 등 모든 면에서 꽤 괜찮은 회사였다. 다른 회사 사람들이 부러워하고, 지역 대학 졸업생에게 입사하고 싶어 하는 회사였다. 그런데도 직원들은 회사에 대해 늘 불만이었다. 노사관계도 불신과 반목으로 큰 홍역을 치르기도 하였다.

개선책으로 사보를 한번 만들어 보자고 생각하였다. 회사에 홍보팀이 있었지만, 우리 인사팀에서 주도하자고 했다. 일반적으로 사보 제호는 회사 이름을 많이 사용하는데, 우리는 '행복 이야기' 라고 하였다. 직원들이 좋은 회사에 다닌다는 자긍심을 갖게 하고, 직원들의 일상과 미담, 취미활동, 가정방문, 부서 탐방 등을 소개하면서 행복 바이러스가 직원들 사이에 널리 퍼지게 했으면 하는 바람에서 그렇게 제호를 정했다.

사보를 발간하면서 가장 중요하게 생각한 편집 방향은 직원들의 이름을 최대한 지면에 많이 나오도록 한다는 것이었다. 사보에 나오는 사진 속 직원들 한 사람 한 사람에 대해 이름을 일일이 명기하였고, 승진자, 입사자 명단은 물론 결혼자, 생일자 명단까지 꼼꼼히 소개하였다. 직원들로부터 꽤 반응이 좋았다. 소소한 이름 불러주기의 효과였다. 회사에서 나란 존재의 자리가 있음을 확인받는 효과가 있었다.

회식 자리와 같은 모임에서 직장인들로부터 가장 많이 듣는 말이 '회사 일이 별로 재미가 없다', '내가 하는 일이 무의미하다는 생각이 든다' 와 같은 말들이다. 이러한 말을 하는 배경에는 여러 가지 요소가 있다. 단순히 월급이 많고 적음이 아닌 일의 만족감, 대인관계, 자기계발과 성장의 기회 등 여러 가지 요인들이 있다.

직장에서 행복한 사람이 업무성과도 높다는 연구결과가 있다. 직장생활의 행복도가 높으면 가정, 인간관계에 긍정적인 영향을 미칠 뿐만 아니라, 업무의 몰입도와 직무만족도도 높아지니 업무성과가 높아지는 것은 당연하다. 개인의 직장생활에서의 행복은 개인에게뿐만 아니라 조직 측면에서도 중요한 문제이다. 회사가 직원들의 직장생활에서의 행복을 간과하지 말아야 하는 이유가 여기에 있다. 직장에서의 행복은 일의 열정을 깨우는 비타민이다.

행복한 직장생활의 조건

가만히 있으면 가마니가 된다는 말이 있다. 행복은 적극적일 때 만날 수 있다. 가만히 있으면 오던 행복도 달아난다. 또한, 행복은 매우 주관적인 개념이다. 행복을 구성하는 요소도 매우 다양하다. 그래서 행복에 대한 정의부터 쉽지 않다. 더군다나 행복을 본격적으로 연구하기 시작한 것은 아주 최근의 일이다.

최인철 서울대 심리학과 교수이자 서울대 행복연구센터 센터장은 그의 저서 〈굿 라이프〉에서 행복幸福의 첫 번째 정의는 '우연히 찾아오는 복'이라고 한다. 우리나라에만 국한된 것이 아니고 30개 국가의 사전을 분석해 보니 그중 24개 국가의 사전에서 행복은 '운 좋게 찾아오는 사건이나 조건'이라고 일차적으로 정의되어 있다. 영어의 Happiness가 우연히 일어나는 Hap에서 기원함이 좋은 예다. 행복의 두 번째 사전적 정의에 따르면, 행복은 '생활의 만족과 삶의 보람을 느끼는 흐뭇한 상태' 라고 한다. 그래서 저자는 행복이라는 단어보다 '기분이 상쾌하고 자기 삶에 만족' 하는 심리상태를 지칭하는 '쾌족快足' 이라는 단어가 행복의 심리상태를 정확하고 직접적으로 표현하고 있다고 하였다. 하지만 행복은 기다리는 자에게 찾아가지 않고 준비된 자를 찾아간다. 행복은 놀랍게도 강자를 알아본다. 그래서 행복은 불행 옆자리보다 성공 옆자리를 더 좋아한다.

행복에 대해 경영학의 조직이론 측면에서는 인간관계론에서부터 시작하여 직무 만족job satisfaction, 직무 열의job engagement 등의 유사 개념들이 사용되고 연구되었다. 심리학 분야에서는 1990년대 들어 마틴 셀리그만Martin Seligman 등에 의해 긍정심리학Positive Psychology이 대두되면서 주관적 안녕감subjective well-being, 심리적 안녕감psychological well-being 등의 이름으로 연구되어 왔다.

우리나라에서 직장인들의 행복에 관한 연구로 삼성경제연구소의 〈직장인의 행복에 관한 연구〉(예지원 외)가 눈에 띈다. 849명의 직장인을 대상으로 조사한 보고서에서 '직장인의 행복Worker Happiness' 을 "직장생활에 대한 만족도가 높고, 직장에서 긍정 정서를 가지고 있으며, 직장생활이 가치 있다고 느끼는 상태" 라고 정의하였다.

연구결과 직장인이 행복감을 느끼면 개인과 조직 차원에서 긍정적으로 작용하여 조직 효과가 올라간다고 하였다. 개인 차원에서는 이직 의도가 낮아지고, 업무성과와 창의성이 높아져 조직몰입이 증대된다. 조직 차원에서는 동료를 돕는 행동과 조직 참여적인 행동이 확대되며, 조직의 이익과 생산성에 긍정적인 영향을 미친다.

직장인의 행복에 가장 큰 영향을 끼치는 요인은 무엇일까. 조사에서 직무, 관계, 심리상태의 직장생활 요인 등 10가지, 경제, 관계, 여가의 일상생활 요인 등 6가지로 16가지의 영향요인을 분석하였다. 결과는 뜻밖이었다. 첫째는 직장인의 행복에 가장 큰 영향을 미치는 요인은 긍정 감성Positive Affect 이었다. 둘째는 업무 의미감이었다. 셋째는 조직과 상사의 지원 인식으로 나타났다. 우리가 일반적으로 높을 것으로 생각하는 경제적 수입은 13위로 나타났다. 생각보다 낮은 순위였다.

직장인의 행복 정도를 나타내는 지수로 '블라인드 지수 BIE: Blind Index of Employee's Happiness'가 있다. 직장인들의 소셜 플랫폼인 '블라인드Blind'에서 매년 직장인들을 대상으로 직장 내 행복도 조사를 하여 발표한다. 2021년 블라인드 지수 최상위 기업으로 선정된 회사들은 크게 세 가지의 특징을 보여주었다.

첫째가 높은 '업무 의미감'이었다. 이는 '회사에서 내가 하는 일이 내 인생의 방향과 일치한다고 느끼는 정도'다. 업무 의미감이 높을수록 회사를 위해 일하는 것이 결국 나를 위한 것이라고 느꼈다. 조사에 따르면 업무 의미감은 워라벨Work-life balance 대비 두 배 이상, 복지 대비 세 배 이상 행복도에 영향을 끼쳤다.

둘째는 높은 '상사 관계 지수'로 나타났다. 즉, 상사에게 업무 지원을 충분히 받고 있다고 느낄수록 직무만족도와 조직 몰입감이 높아져 결과적으로 행복도에 긍정적인 영향을 미쳤다.

그리고 세 번째로는 높은 '윤리 지수'였다. 윤리 지수란 회사에서 부당한 일을 겪었을 때 회사가 문제 상황을 공정하게 처리해 줄 것이라는 믿음의 정도다. 요즘 MZ 세대가 중요하게 생각하고 예민하게 반응하는 공정과 정의에 대한 인식과도 깊은 관련이 있는 것으로 보인다.

연구와 조사결과를 통해 직장인들은 경제적 요인이나 워라벨과 같은 것보다 자신이 하고 있는 업무의 의미감이나 조직과 상사의 지원 인식이 행복도에 더 큰 영향을 미치는 것으로 확인되었다. 전자의 요인들은 '도구 가치'이고 후자의 요인들은 '의미 가치'라고 한다. 도구 가치는 직장인 개인을 '불행하지 않게' 하는 요인임은 틀림없으나 반드시 '행복하게' 만드는 요인은 아닌 것 같다.

나의 직장생활을 돌아보아도 별반 다르지 않았다. 나의 일이 가치가 있고, 회사의 성장과 함께 성장하고 발전한다고 느낄 때 직장을 다니는 보람을 더 크게 느꼈다. 회사는 잘 나가는데 개인은 정체되어 있다든지, 개인은 잘 나가는데 회사는 퇴보한다면 바람직하지 않다. 그래서 회사의 비전과 직원 개인의 비전이 일치되어야 한다는 말을 많이 한다. 경제적 보상은 다른 것에 비해 생각보다 효과가 크지 않다. 더군다나 효과의 유효기간이 매우 짧다. 회사에서 실적이 좋아 보너스를 지급하는 경우가 있는데 그 효과는 보너스 받는 그 날 뿐이라는 자조 섞인 말을 많이 한다.

행복과 불행은 사실 종이 한 장 차이이다. 일체유심조一切唯心造, 내 마음먹기에 달렸다. 거창한 것이 아니라도 좋다. 나만의 기준이 필요하다. 남이 생각하는 행복의 조건이 꼭 나에게도 중요하다는 법은 없다. 나만의 행복에 대한 기준과 가치가 더 중요하다. 직장생활은 짧지 않다. 인생에서 가장 중요한 20대에서 60대까지를 제공해야 한다. 가장 젊고 황금 같은 시기를 제공한다. 하루 중에서 가장 좋은 시간인 낮시간을 온전히 제공한다. 직장생활을 돈을 벌기만을 위한 것으로 낭비할 수 없는 이유가 여기에 있다. 긴 호흡으로 내가 생각하는 행복의 가치를 직장 내에서 추구해 나가는 것, 이것이 결국 행복한 인생 만들기의 핵심이다.

감사해서 행복한가, 행복해서 감사한가

감사해서 행복한가, 행복해서 감사한가. 마치 달걀이 먼저냐 닭이 먼저냐의 물음과도 같다. 언뜻 보기엔 행복하니까 감사한 마음을 갖는 게 맞아 보이는데, 감사한 마음을 갖는 것이 행복에 큰 영향을 미친다고 한다. 실제 그러한 연구결과도 있다.

2003년 캘리포니아대학 엠몬스R.A. Emmons 교수와 마이애미대학 맥컬러프M.E. McCullough 교수가 대학생과 신경근병을 앓고 있는 환자들을 대상으로 '감사하기'의 효과를 연구한 논문을 발표하였다. 이 논문에 따르면 감사하기를 하기 전과 그 후의 변화를 살펴본 결과 후의 삶이 삶을 더 긍정적으로 평가하고 미래에 대해 더 낙관했다고 한다. 또한 긍정적인 감정을 더 많이 느끼고 부정적인 감정을 적게 느꼈다고 한다.

유대인들의 경전인 〈탈무드〉에는 이런 구절이 있다고 한다. "이 세상에서 제일 지혜로운 사람은 누구인가? 어떤 경우에 처해도 배움의 자세를 갖는 사람이다. 이 세상에서 제일 강한 사람은 누구인가? 자신과의 싸움에서 이기는 사람이다. 그리고 이 세상에서 가장 행복한 사람은 누구인가? 지금 이 모습 이 대로를 감사하면서 사는 사람이다." 스위스의 사상가 카를 힐티Carl Hilty도 그의 저서 〈행복론〉에서 행복의 첫째 조건으로 '감사'를 꼽았다. 이 책에서 그는 "감사하라, 그러면 젊어진다. 감사하라, 그러면 발전이 있다. 감사하라, 그러면 기쁨이 있다"라고 하였다. 즉, 감사하면 건강해지고, 성공하고, 행복해진다는 것이다.

그런데 직장생활을 하면서 주위를 살펴보면 감사할 일이 뭐가 있느냐는 볼멘소리를 하는 사람들이 많다. 하기 싫은 일을 보기 싫은 사람과 부대끼며 종일 일하고, 개인 생활은 별로 없고 월급은 쥐꼬리만큼 받는다고 불평한다. 그래서 하루에도 몇 번씩 직장생활 때려치우고 하고 싶은 일을 마음껏 자유롭게 하는 꿈을 꾸기도 한다.

그러나 직장의 소중함은 직장생활을 하는 중에는 잘 모른다. 배고픔을 경험한 사람만이 빵의 소중함을 알듯이 실직의 고통을 겪어 본 사람들이 직장의 소중함을 잘 안다. 그들의 말을 빌리면 아침에 일어나서 출근할 직장이 있다는 것만으로도 얼마나 행복한지 모른다고 한다. 쥐꼬리만 한 월급이라고 자조 섞인 말을 하지만 매달 꼬박꼬박 월급이 들어오는 것 자체가 감사한 일이다. 월 300만 원의 월급을 받는다고 가정해 보자. 이 금액이 어느 정도의 가치가 있는지는 은행이자를 생각해 보면 금방 피부에 와닿는다. 이 정도 이자소득을 벌려면 어림잡아 금융자산 10억 원은 은행에 예치해야 가능하다. 이렇게 보면 결코 적은 돈이 아니다. 한마디로 실직자에게 직장인들의 이러한 푸념은 행복에 겨워서 하는 말로 들릴 수도 있다.

〈즐거운 일 하면서 먹고 살기〉의 저자 양병무 감사나눔연구원 원장은 명함이 있고 월급이 제때 나오면 좋은 직장에 다닌다고 할 수 있다고 하였다. 그가 리더십 과정을 지도하면서 수강생들에게 반드시 하도록 하는 것이 감사 리스트 60개를 작성하는 것이라고 한다. 처음에는 60개라는 감사 리스트 작성에 큰 어려움을 겪는데 사소한 일에 감사하는 요령을 가르쳐 주면 금방 작성한다고 한다. "출근할 직장이 있는 것에 감사, 월급날 제때 월급 주어서 감사, 훌륭한 상사를 만나게 해 주어서 감사, 능력 있는 부하들이 있어서 감사" 등등 감사할 게 너무나 많이 나온다고 한다.

우리 주위를 살펴보면 유독 '감사하다' 라는 말을 많이 하는 사람들을 보게 된다. 이런 사람들이 꼭 부유하지도, 직업이 좋은 것도, 삶의 여유가 있는 것도 아니다. 그런데도 늘 밝은 표정으로 매일매일을 씩씩하고 활기차게 살아간다. 심리학자들에 따르면 감사 성향Grateful Disposition이 높은 사람들이다. 이러한 감사 성향이 높은 사람들은 일상에서 감사의 마음을 경험하는 빈도가 높고, 일상에서 감사할만한 일들을 찾아내는데 탁월한 능력을 발휘한다고 한다.

이들에게는 일반인들과 다른 몇 가지 특징이 있다. 첫째, 이들은 거창하지도 않은 일상의 소소한 일에 감사한다. 범사에 감사해한다. 둘째는 현재, 오늘 이 시간의 행복을 소중하게 여긴다. 손에 잡히지 않는 먼 미래의 파랑새를 쫓아 헤매지 않으며, 허황된 삶을 꾸지 않는다. 마지막으로는 남과 비교하지 않는다. 나는 나일 뿐이다. 나의 주인은 오직 나다. 남과 비교하는 순간 나의 행복을 다른 사람 손에 맡기는 것과 같기 때문이다.

〈게으른 사람들의 심리학〉의 저자인 심리학자 허용회는 감사할 줄 아는 것도 능력이라고 한다. 평소 스스로에 대해, 주위 사람이나 세상에 충분히 감사하며 살지 못했다는 생각이 든다면 감사 연습을 시작하라고 권한다. '감사일기', '감사 편지' 등 돈 들이지 않고, 큰 노력을 들이지 않고도 심리적으로 좋은 효과를 누릴 수 있다고 한다.

앞서 소개한 최인철 교수는 그의 저서 〈아주 보통의 행복〉에서 "행복은 그저 일상의 삶을 잘 살아가는 것이다. 밥을 먹고, 일을 하고, 대화를 나누고…. 매일 반복되는 일상의 사소함 속으로 더 깊이, 온전히 들어가는 것이 행복이다."라고 하였다.

직장생활에서도 마찬가지다. 감사와 행복을 멀리서 찾을 일이 아니다. 지금 하는 일에서 보람을 느끼고, 점심식사 후 직장 동료들과 따뜻한 차 한잔하고, 퇴근 후 좋아하는 취미생활 즐기고, 주말에 가족이랑 동네 공원 한 바퀴 도는 것만으로도 충분히 감사할 일이요, 행복한 직장생활이지 않을까 싶다.

직업은 인간 성장의 사다리

우리나라에는 모두 얼마나 많은 직업이 있을까. 한국고용정보원이 2020년에 발간한 〈한국직업사전〉에 따르면 2019년 현재 16,891개의 직업이 등재되어 있다. 어마어마한 숫자다. 이런 직업이 있을까 할 정도로 생전 처음 들어보는 낯선 이름의 직업들이 수두룩하다. 사회가 변하고 기술이 발전함에 따라 수많은 직업이 없어지고 생겨났다. 앞으로 어떤 직업이 사라지고 어떤 새로운 직업들이 생겨날지 아무도 모른다.

인기 있는 직업의 순위도 시대에 따라 계속 변해 왔다. 1950년대, 60년대에는 6.25 전쟁을 겪으면서 군인이 유망직업이었다. 타자수, 전화교환원, 버스 안내양 등도 인기 직업이었다. 1970년대에는 수출정책, 중동 건설 붐을 타고 무역업 종사자, 엔지니어들이 인기였다. 1980년대 들어서 금융업의 발전으로 은행원, 증권맨이 인기였다. 프로야구의 시대가 열리고 아시안게임과 서울 올림픽이 개최되면서 프로 운동선수들이 인기 직종으로 부상했다.

1990년대 들어서는 정보통신, 인터넷의 보급으로 웹 마스터, 컴퓨터 프로그래머 등이, IMF 이후로는 정년이 보장되는 공무원, 교사가 최고 직업으로 선호되었다. 2000년대 들어서는 세계적으로 K 문화가 확산되었다. 가수, 탤런트 등 연예인의 인기가 치솟았고, 인공지능AI , 생명공학 등의 발전으로 새로운 유망직업이 되었다. 이처럼 직업의 선호도는 당시의 시대상을 잘 반영한다.

직업들 가운데 어떤 직업을 선택할 것인가는 개인의 삶에 있어 매우 중요한 문제이다. 직업은 단순히 먹고 사는 생계수단 이상의 의미가 있기 때문이다. 어떤 직업을 갖느냐에 따라 사회적인 이미지나 위치가 정해진다. 뿐만 아니라 직업을 통해 각자 추구하는 삶의 의미와 가치를 구현하고 자신의 꿈을 실현하기도 한다.

직업을 선택할 때 여러 가지 요소들이 고려된다. 경제적으로 높은 연봉이나 수입이 될 수도 있고, 사회적으로 인정받고 존경받는 것일 수도 있다. 직업의 안정성도 있고, 앞으로 발전 가능성도 있다. 중요한 요소가 하나 더 있다. 바로 직업을 통한 개인 삶의 행복이다.

직업을 통해 행복해지려면 어때야 할까. 먼저 하는 일이 즐거워야 한다. 공자도 논어에서 '지지자 불여호지자 호지자 불여낙지자知之者 不如好之者 好之者 不如樂之者'라 했다. 아무리 지식이 많은 사람도 좋아하는 사람을 이길 수 없고, 아무리 좋아하는 사람도 즐기는 사람을 이기지 못한다고 했다. 하는 일이 즐거우면 지루하지 않고, 아무리 힘든 일에도 피곤함을 모른다. 즐거운 일은 누가 하지 말라 해도 스스로 알아서 한다. 집중하여 몰입하고, 더 잘하기 위해 최선의 노력을 다한다. 그리고 즐거운 일을 하다 보면 그 일을 좋아하게 될 수밖에 없다. 일이 좋아 재미를 붙이고 열심히 하다 보면 어느새 전문가의 경지에 이른다. 전문가가 되면 필요한 인재로 인정받게 되고, 지위와 연봉의 상승은 자연스럽게 따라온다.

행복한 직업이 되기 위해서는 즐거울 뿐만 아니라 가치와 보람이 있는 직업이면 더할 나위가 없다. 직업의 가치와 보람은 매우 주관적이다. 남이 생각하는 가치나 보람이 아니라 나의 기준에서 가치와 보람이 있어야 한다. 그 바탕에는 누군가에게 피해를 주면 안 된다. 비윤리적이고, 부도덕하면 안 된다. 아무리 부와 명예가 따라도 좋은 직업이 될 수 없다. 여기에 더해 내가 하는 일로 어느 조직이나 누군가에게 도움이 되고 기여를 할 수 있으면 금상첨화다.

양병무 저著 〈좋아하는 일 하면서 먹고 살기〉를 보면 좋아하는 일을 직업으로 삼아 행복하게 사는 많은 사람을 소개하고 있다.

좋아하는 일을 하면서 먹고 사는 것, 아마 직장인은 물론 모든 사람의 로망일 것이다. 현실에서 그런 사람들은 많지 않다. 자신의 의지와 상관없이, 지금의 일을 하게 된 경우가 대부분이다. 어떤 사람들은 지금 하고 있는 일이 맞지 않아 중간에 바꾸려고 시도하기도 한다. 그러나 이도 쉽지 않다. 새로운 일에 도전하기 위해서는 많은 용기가 필요하다. 확신과 자신이 없으면 쉽게 시도하기 어렵다. 현재의 기득권과 안정을 버리고 성공을 장담할 수 없는 일을 새롭게 한다는 것이 그리 쉬운 일이 아니다.

아직도 우리나라는 직업에 대한 편견이 서양에 비해 많다. 전통적인 사농공상士農工商 의 인식은 많이 퇴색되었지만, 여전히 판사, 검사와 같은 '사' 자가 들어가는 직업을 높게 쳐주는 인식이 있다. 아니면 의사처럼 연봉이 높은 직업이라든지, 공무원, 교사처럼 안정적인 직업을 선호한다.

직업을 선호하는 것에 호불호나 잘잘못을 지적하려는 것은 아니다. 그렇지만 직업에 대한 편견으로 우리 사회가 다방면에 걸쳐 골고루 발전하지 못할 수 있다는 점은 우려스러운 일이다. 요즘 대학교 입시를 보면 더욱 그런 생각이 많이 든다. 이과생들의 경우 성적 순서대로 '닥치고' 의과대학부터 들어간다. 묻지마, 의과대학이다.

우수한 사람이 의사가 되어야 한다고 생각하지만, 본인의 적성은 고려하지 않고 지나치게 특정 분야로의 쏠림 현상은 결코 정상적이라고 할 수 없다. 우수한 학생들이 기초과학, 공학 등의 분야에도 골고루 진학하는 것이 국가의 미래를 위해서도 바람직하다. 교육 정책 입안자들은 말할 것도 없고, 사회 전반적으로 직업에 대한 인식 전환 노력도 함께 진행되어야 할 것이다.

직업에는 귀천이 없다. 하지만 직업은 인간 성장의 사다리다. 자신이 잘하는 일로 삶의 의미를 찾고, 자신이 좋아하는 일로 정신적 성장을 하게 한다. 자신이 좋아하는 일, 잘하는 일을 찾아 열심히 하다 보면 보람도 찾고 성공도 할 수 있을 것이다. 세상은 넓고 할 일(직업)은 많다.

월급쟁이로 산다는 것

통계청이 2022년 5월 발표한 자료에 따르면 우리나라 전체 경제활동인구 28,485천 명 가운데 임금근로자는 21,776천 명으로 76.5%, 자영업자는 6,709천 명으로 23.5%를 각각 차지했다. 매년 발표하는 통계수치에 따라 약간의 차이는 있지만 대략 10명 중 8명은 임금근로자인 월급쟁이로 살아가는 셈이다. 그리고 이들 임금근로자 가운데 비정규직이 차지하는 비율이 거의 40%에 달한다.

나는 대학 졸업 후 일반 기업체에 입사한 이후 지금까지 줄곧 월급쟁이로 살아왔다. 운 좋게도 내가 회사에 처음 들어갔던 1980년대 중 · 후반에는 한창 국가 경제가 호황을 누리던 시절이었다. 그래서 지금처럼 취업이 어렵지 않았다. 정부의 중화학공업 육성 정책과 3저 호황에 힘입어 기업의 인력 수요가 엄청났다. 대기업들은 한 해에 수천 명 또는 수만 명의 신입사원을 공채를 통해 한꺼번에 뽑았다. 대학진학률이 지금처럼 높지도 않은 시절이었다. 대학 졸업장만 있으면 직장에 들어가는 것에 대해서는 큰 걱정을 안 하던 시절이었다.

첫 직장생활은 지금은 고층 아파트로 변신했지만, 서울시 관악구 봉천동의 언덕배기에 위치한 조그마한 반지하 방에서 시작하였다. 서울에서 직장생활을 하고 있었던 여동생, 서울에 있는 대학에 갓 입학한 남동생과 함께였다. 당시 반지하 단칸방 월세 생활은 가난한 시골 출신이 할 수 있는 불가피한 선택이자 최선의 선택이었다.

서울 생활이 녹록지만은 않았다. 그러나 나름 대기업에 다닌다는 자부심, 그리고 무슨 일이든 누구 못지않게 잘할 수 있을 것이라는 자신감으로 똘똘 뭉쳐 있던 시절이었다. 당시에는 주5일 근무제가 시행되기 전이어서 토요일에도 근무했다. 사무실에 컴퓨터도 제대로 없던 시절이었다. 문서를 주로 손으로 작성하며 일하던 때였다. 한창 일이 바쁠 때는 주말도 없이 일하고, 밤을 꼬박 새우기도 하였다. 힘든 줄 모르고 신나게 일했다. 다니던 회사의 사훈 가운데 하나가 '희생' 이었다. 나 스스로 회사와 국가 경제발전의 중추적인 역할을 하는 것으로 생각했고, 그래서 이런 사훈을 당연한 것으로 받아들였던 시절이었다.

직장생활을 처음 시작하였을 때만 해도 첫 직장이 마지막 직장이 될 줄 알았다. 내가 다녔던 회사는 한창 세계화의 기치旗幟 아래 국내외에 공장들을 짓고, 전 세계로 시장을 넓혀 나가고 있던 때였다. 재계 순위 3위 안에 드는 그룹에 속해 있었다. 이렇게 잘 나가는 회사가 잘못된다는 것은 꿈에서도 생각해 본 적이 없었다. 심지어 1997년 외환위기가 닥쳐 국가가 모라토리엄을 선언하고 IMF 구제금융을 신청할 때에도 회사가 부도가 날 것이라고는 생각하지 않았다. 일반 사람들에게 대기업은 절대 망하지 않는다는 대마불사大馬不死 라는 말이 통용되던 시절이었다. 나도 이 말을 철석같이 믿었다.

그러나 믿음과는 달리 모그룹이 부도를 맞았다. 다니고 있던 회사도 자연스럽게 해체의 길로 들어섰다. 많은 직원이 자의 반 타의 반으로 회사를 떠났다. 전체 직장생활 가운데 가장 큰 충격을 받은 때가 이때였다. 처음으로 직장인, 월급쟁이에 대한 회의를 느꼈다. IMF는 당시 모든 직장인에게 큰 충격이자 직장생활에 대한 새로운 가치관이 생겨나는 계기가 되었다. 내로라하는 대기업들은 물론, 거의 공무원에 버금가는 안정적인 직장으로 여겨졌던 대형 은행들도 추풍낙엽처럼 쓰러져 나갔다.

IMF는 우리나라 직장인들에게 사고의 일대 대전환을 가져오게 했다. 가장 큰 것이 아마도 이제 더 이상 평생직장이란 존재하기 어렵다는 사실을 인식하게 한 것이다. 믿을 것은 자기 자신밖에 없다는 인식이 직장인들 사이에 퍼졌고 자신을 키우기 위한 자기계발 열풍이 불었다. 대기업까지 망하는 마당에 언제 직장을 잃을지도 모른다는 고용불안이 엄습해 왔다. 직장인들은 직장생활에서 살아남는 유일한 방법은 오로지 자기 자신의 실력을 쌓는 것밖에 없다는 생각을 하게 되었다.

직장을 다니면서도 학생처럼 끊임없이 공부하는 직장인이라는 의미로 직장인salary man과 학생student의 합성어인 샐러던트saladent라는 신조어가 만들어졌다. 대학들이 직장인들을 위해 야간과정으로 개설한 경영전문대학원이 이때 붐을 타면서 인기를 끌었다.

한편으로 일자리를 잃고 직장생활에 회의를 느낀 많은 사람이 창업 전선에 뛰어들었다. 그러나 오직 월급 하나만을 보고 살아온 사람들이 창업하여 자기 사업을 한다는 것은 결코, 쉽지 않았다. 기술을 바탕으로 창업을 한 사람들은 성공한 사례가 간혹 있었지만, 대부분은 실패의 쓴 잔을 경험했다.

또 많은 사람이 퇴직금까지 영끌하면서 주식시장에 뛰어들기도 하였다. 주식시장도 만만치 않았다. 주식이나 금융에 대한 올바른 이해나 지식이 없이 뛰어든 주식시장에서 외국인이나 기관투자가들의 틈새에서 돈을 번다는 것이 결코 쉬운 일이 아니라는 것을 아는 데는 그리 많은 시간이 걸리지 않았다. 대박의 꿈은 산산이 부서지고 쪽박을 차는 경우가 허다하였다. 실의에 빠진 많은 사람이 목숨을 스스로 끊는 안타까운 소식들이 사흘이 멀다 하고 매스컴에서 들려왔다.

나는 자기 사업을 하거나 주식을 할 만큼 배짱이 두둑하지도, 가진 돈이 많지도 않았다. 첫 직장의 아픔을 뒤로하고 다른 회사로 이직하게 되었고, 후로도 여러 회사를 거쳐 이제 정년을 바라보게 되었다. 긴 월급쟁이 생활을 하면서 회사를 그만두고 싶다는 생각을 왜 안 해봤겠는가. 과감하게 사직하고 내 사업으로 성공하는 상상을 수없이 했던 것 같다. 그게 아니면 복권에 당첨돼 보란 듯이 사표를 던지는 꿈을 꿔 보기도 했다.

사실 월급쟁이로 돈을 크게 번다는 것이 쉽지 않은 일이다. 직장인들이 받는 월급에 대해 흔히 자조적으로 하는 말 중의 하나가 '쥐꼬리만 한' 월급이라는 말이다. 오너 사장이나 대기업의 고위 임원을 지내지 않고서 월급쟁이로 부자가 되기는 사실상 어렵다. 그렇다고 대기업의 임원이 되는 것도 쉽지 않다.

확률적으로 대기업 임원이 되는 비율이 1% 정도라고 하니, 웬만한 대부분의 직장인은 평범한 월급쟁이로 직장생활을 마감한다고 봐야 한다. 많은 직장인이 부동산, 주식 등 재테크에 뛰어들기도 하는데, 그마저도 성공하는 사람들이 많지 않다. 무엇보다 재테크의 불확실성 때문에 감히 엄두도 못 내는 경우가 태반이다.

평생 월급쟁이로 살아온 나의 생활에 대해 큰 불만은 없다. 오히려 시골 출신에다 가진 것 없이 빈손으로 출발해서 직장생활을 통해 가정도 꾸리고 아이 셋을 키웠고, 지금까지 회사에 다닐 수 있게 된 것만으로 얼마나 감사한 일인지 모른다. 월급날 한번 거르지 않고 꼬박꼬박 월급이 나오는 회사에 다닐 수 있었고, 비정규직이 아닌 정규직 직원의 신분이었던 것도 행운이다.

2014년 크게 인기를 끌었던 '미생'이라는 드라마가 있다. 영업기획팀 오상식 차장이 퇴사한 회사 선배와 만나 술잔을 기울이는 자리에서 선배가 말한다.

"직장이 전쟁터라고? 밖은 지옥이야."

오늘도 '전쟁터'에서 '쥐꼬리만 한' 월급을 받으면서 묵묵히 일하고 있는 이 땅의 모든 월급쟁이들에게 큰 응원의 박수를 보낸다.

“직장이 전쟁터라고? 밖은 지옥이야”

직장인에게 월급의 의미

월급은 감로수다. 감로수는 신들의 음료다. 한 방울만 먹어도 온갖 괴로움이 없어지고, 산 사람은 오래 살 수 있으며, 죽은 사람은 부활한다는 감로수는 '천주天酒' 라고도 한다. 월급쟁이에겐 한 번 맛을 보면 떨쳐버리기 어려운 여름날의 이슬 같은 음료다. 한 방울씩 한 달에 한 번 떨어진다. 씨를 뿌리는 것은 일 년을 기다려야 하지만 월급은 매달 한 번씩 정기적으로 일 년에 12번 떨어진다. 월급은 기다림의 유혹이었다.

내가 첫 직장에 들어갔을 때 받은 첫 월급 액수가 30만 원대 중반쯤 되었다. 지금의 기준으로 보면 '에게, 그것밖에 안 돼?' 라고 할 것이다. 대기업들의 대졸 초임 수준이 대략 그랬다. 난 내 월급이 적다고 생각하지 않았다. 실제로 당시의 집값, 음식값 등 전반적인 물가나 화폐가치를 생각하면 지금의 잣대로 단순 비교하기에 무리가 있다. 결혼도 하기 전이고, 자동차나 휴대폰 같은 것을 소유하기 전이었다. 추가적인 비용의 지출도 없었다. 외식은 한 달에 한두 번 하는 중국음식점에서 자장면에 탕수육이 거의 유일한 호사였다. 외식비가 거의 들지 않던 시절이었다.

지금은 통상에 계좌이체로 월급을 받는 것이 너무도 당연하지만, 처음 직장생활을 시작했을 때는 현금으로 직접 받았다. 이유를 정확히는 모르겠지만 월급은 꼭 노란 봉투에 넣어서 주었다. 월급 전날이면 경리부와 인사부 직원들이 총동원되어 현금과 동전을 세면서 직원 한 사람 한 사람의 월급을 일일이 봉투에 넣던 모습이 떠오른다. 봉투 작업을 다 마치고 난 후 단돈 10원이라도 틀리면 안 된다. 마지막 단 단위까지 숫자가 맞지 않으면 맞을 때까지 밤을 새워서 다시 작업을 하곤 하였다.

월급봉투는 모든 직장인의 자존심이자 자부심이었다. 특히 가족을 부양하는 가장들에게 월급날 하루만은 가장으로서 권위가 최고로 올라가는 날이었다. 가장들의 어깨가 으쓱해지는 많지 않은 날 중 하나였다. 또 아이들은 아빠의 월급날만 되면 아빠가 무엇을 사들고 올까 손꼽아 기다리는 날이었다.

한편으로 회사 앞에는 어린아이를 등에 업은 직원 부인들의 모습도 심심찮게 볼 수 있었다. 남편이 월급을 다른 곳으로 빼돌리려는 소위 '삥땅' 을 막기 위한 고육책이었다. 회사 주변 음식집이나 술집 가게주인들의 모습도 간혹 눈에 띄었다. 외상장부에 적힌 외상값을 받으러 온 사람들이었다. 괜찮은 회사의 근무복을 입으면 회사 주변 술집이나 식당에서 외상장부에 이름을 올려놓고 술이나 음식을 먹을 수 있었다.

뭐니 뭐니 해도 월급은 직장인들에게 가장 중요한 것임에 틀림없다. 직장인들에게 왜 직장생활을 하느냐고 물으면 십중팔구는 월급 때문이라고 답할 것이다. 모두가 스트레스를 받고 힘든 직장생활을 벗어나고 싶어 하지만 매달 꼬박꼬박 받는 월급이 있어 견딘다고 해도 과언이 아니다. 월급을 받는 순간 이것저것 갖은 명목으로 빠져나가고, 월급을 받은 지 며칠 지나지도 않았는데 벌써 통장 잔고가 간당간당하기가 일쑤다. 그럴 때마다 월급날이 언제인지 손꼽아 기다리는 게 월급쟁이다. 월급은 마치 마약중독자가 마약을 잘 끊지 못하는 것처럼 직장인들에게 직장생활을 그만두지 못하게 하는 묘한 중독성이 있다.

회사와 직장인의 관계는 직장인들의 노무 제공에 대한 회사의 임금 지급이라는 근로계약에 의해 이루어진다. 따라서 월급을 받지 않는 직장생활은 상상할 수가 없다. 직장인들에게 월급은 어떤 의미일까. 구인 · 구직 플랫폼 회사인 '사람인' 이 2021년 12월 직장인 3,000여 명을 대상으로 조사한 결과에 따르면 월급의 의미를 '노동의 대가' (63.3%, 복수 응답), '생계수단' (51.6%), '가족 및 가정 유지비용' (31.2%) 순으로 답하였다. 직장인들은 회사에 근로를 제공하고 근로에 대한 보상으로 임금을 받는 것이다. 월급을 통해 생계와 가족을 부양하는 원천으로 사용한다.

누구나 많은 월급을 받길 원한다. 대학생들은 조금이라도 연봉이 높은 회사에 취업하기 위해 학창시절 학점관리, 스펙 쌓기에 모든 노력을 기울인다. 한 푼이라도 더 많은 월급을 준다는 직장을 찾는다. 현식에 있는 직장인들도 예외는 아니니다. 지금 있는 직장에서 연봉을 올리기 위해 더 나은 성과와 더 좋은 평가를 받기 위해 끊임없이 노력한다. 또한, 지금 회사에서 자신의 몸값이 정당하게 대우받지 못한다고 생각하면 더 많이 주겠다는 회사로 미련 없이 옮기기도 한다.

세상에 공짜는 없는 것 같다. 이른바 월급을 받기 위해서는 그만한 기여를 해야 한다. 소위 '밥값' 을 해야 한다. 이익을 내야 하는 회사로서 직원들에게 아무런 대가 없이 무조건 월급을 마냥 줄 수 없다. 회사가 피도 눈물도 없는 비정한 조직이어서가 아니다. 직원들의 임금을 착취하는 부도덕한 회사가 아니라면 회사가 생존하고 직원들의 고용을 유지하기 위해서는 어쩔 수 없다.

그렇다면 직원 입장에서 얼마나 일해야 밥값을 하는 것일까. 사실 정답은 없다. 측정하기도 어렵다. 회사가 어떤 산업에 속해 있는가, 수익성이 높은가 낮은가, 노동집약적인가 기술집약적인가 등 여러 가지 요인에 따라 다르다. 더 큰 문제는 밥값을 매기는 기준이 천차만별이다. 지극히 주관적이다.

직장인들 대부분은 자기가 회사로부터 받는 월급에 비해 밥값을 많이 한다고 생각한다. 그에 반해 나를 제외한 다른 사람들은 하는 일에 비해 많은 월급을 받고 있다고 생각한다. 회사는 회사대로 직원들이 일하는 것에 비해 많이 준다고 생각한다. 월급을 주는 회사도 아깝지 않고, 월급을 받는 직원도 만족하는 그런 공식이 있으면 좋으련만 불가능하다. 내 개인적으로는 적어도 내가 받는 월급의 두세 배는 회사에 기여를 해야 밥값을 한다고 생각하고 있다. 직원들은 월급만 생각하지만, 회사의 입장에서 보면 직원들에게 주는 월급 이외에 사무실 임대료, 직원 퇴직금, 사회보험료 등 직원들을 유지하고 관리하는데 각종 추가적인 비용이 들기 때문이다.

돌이켜보면 어릴 때부터 부모님이나 주위 어른들부터 밥값에 대해 많이 들으면서 자랐던 것 같다. '남의 돈 먹기 쉽지 않다', '땅 아무리 파 봐라. 돈이 나오나' 등의 말이었다. 다들 먹고 살기 힘들게 살았던 시절에 돈을 번다는 것이 결코 쉽지 않아서 나왔던 말이다. 또 사람이 남에게 의지하지 않고 자기 몫의 밥값은 하고 살아야 사람으로 온전히 제대로 사는 것이라고 믿었던 때였다. 그래서 직장생활을 하면서 내 월급에 상응하는 밥값은 제대로 하고 있는지에 대해 스스로 자문해 보곤 했다.

요즘 MZ 세대를 중심으로 '조용한 사직Quiet Quitting'이 유행이라고 한다. 실제로 퇴사를 하지 않지만, 마음은 일터에서 떠나 최소한의 업무만 하려는 태도란다. 월급 하나로 결혼, 육아, 내 집 마련이 쉽지 않은 시대에 사는 세대로 조용한 사직이란 생각을 하는 것도 무리가 아니겠다고 어느 정도는 이해되는 측면도 있다. 그러나 월급과 나의 밥값을 비교하면서까지 회사생활에 정말 진심을 다했던 지난날의 나의 모습을 떠올려 보면 격세지감이 아닐 수 없다. 월급에 고맙고 감사하라. 월급은 한 달 치의 인생으로 빚은 감로수였다.

“월급은 마치 마약중독자가 마약을 잘 끊지
못하는 것처럼 직장인들에게 직장을 그만두지
못하게 하는 묘한 중독성이 있다”

가슴뛰는 첫 직장의 추억

처음은 설레고 가슴이 뛴다. 처음이란 단어는 심장으로 만들어졌다. 가슴이 뛰고 설렌다. 미지의 세계, 새로움에 대한 기대와 호기심이 넘쳐난다. 잘해야겠다는 의욕이 샘솟는다. 동시에 처음은 두렵다. 그래서 처음은 설렘과 두려움이 공존한다. 초등학교에 입학할 때도 그랬고, 첫사랑도 그랬다. 첫 직장도 그랬다. 첫 직장은 학창 시절을 뒤로 하고 처음으로 사회에 첫발을 내딛는 순간이다. 자신의 직업을 가지고 경제적으로 독립하는 것이기도 하다.

회사에 취직했다는 기쁨도 있었다. 잘할 수 있을까 하는 걱정도 가졌다. 회사라는 환경에 잘 적응할 수 있을까, 업무는 잘해 낼 수 있을까, 사람들과는 잘 어울릴 수 있을까, 걱정이 한두 가지가 아니었다.

다행히 선배님들이 다들 좋으셨다. 풋내기 신입사원이 안쓰러운 것도 있었겠지만 업무에 적응할 수 있도록 하나하나 잘 가르쳐 주셨다. 태어난 고향과 살아온 배경도 다르고, 학교 때 배운 전공도 달랐다. 성격도 달랐다. 달랐지만 한 분 한 분 배울만한 면들이 많았다. 가끔은 집 떠나 객지 생활하는 나를 집으로 초대해주었다. 위로하고 격려해 주었다. 당시에는 회사 동료들을 집으로 초대하는 경우가 흔했던 시절이었다.

직장인에게 첫 직장은 굉장히 중요하다. 어떤 사람들은 첫 직장이 평생을 좌우한다고까지 얘기한다. 그래서일까. 대학을 졸업하는 취업준비생들은 어떻게든 좋은 직장에 들어가기 위해 기를 쓴다. 학점, 영어, 해외연수 등 스펙쌓기에 몰입하고, 심지어 취업 N수도 불사한다.

첫 직장에서 처음으로 일을 배운다. 처음 어떻게 일을 배우느냐에 따라 평생 일하는 방식과 태도가 결정된다. 누구로부터 일을 배웠느냐에 따라 다르다. 기초부터 탄탄하게 배우느냐, 그렇지 않으냐가 다르다. 첫 직장에서 처음 했던 직무가 이후 직장생활 전체에 영향을 미친다. 회사를 옮길 때는 전직 회사가 어디였는가가 중요한 변수가 된다. 첫 직장에서 만난 사람들이 좋은 인맥이 되어 서로 도움을 주고받는 관계가 될 수도 있다.

너무 회사의 규모나 명성만 좇는 것은 바람직하지 않다. 단순히 이름 있고, 월급이 많다는 것을 가지고 직장을 선택했다가 후회하는 경우도 있다. 조건이 좋은 회사들은 틀림없이 일의 강도가 높거나 경쟁이 치열할 확률이 높다. 돈 많이 주고 편안한 직장이란 존재하지 않는다는 것이 합리적인 추론이다. 겉으로 드러난 명성과 월급만 보고 어렵게 취업하였는데 견디지 못하고 얼마 못 가 퇴사하거나 이직하는 경우도 많다.

나의 기준에 맞는 회사를 들어가야 한다. 나의 전문성, 성격, 직업관 등을 종합적으로 고려하여 첫 직장을 골라야 한다. 첫 직장이 전부가 아니며, 끝은 더더욱 아니다. 지금은 평생직장의 시대가 아닌 평생직업의 시대다. 직장의 중요성에서 직업의 중요성으로 이동하고 있다. 바로 눈앞이 아니라 길게 보아야 한다. 직장생활을 하면서 여러 번 회사를 옮긴다고 생각하고 장기적인 관점에서 첫 직장을 선택하여야 한다.

나에게도 첫 직장은 아련한 추억으로 남아있다. 퇴직한 지 벌써 20년이 훨씬 넘었는데도 그때를 생각하면 기억이 새록새록 난다. 혈기 왕성했던 시절 멋모르고 부딪치고 좌충우돌하던 시절이었다.

첫 직장에서 함께 근무했던 몇몇 동료들과 연락을 주고받는다. 세월이 많이 흘러 다들 앞서거니 뒤서거니 하면서 은퇴하는 나이가 되었다. 얼마 전에는 한 동료의 딸 결혼식에 다녀왔다. 처음 직장에 들어가 가정을 꾸리고 아이를 낳고 아이들이 자라던 모습을 지켜보면서 지낸 사이였다. 아이들이 자라 학교를 졸업하고 직장을 다니고 결혼해 가정을 꾸리는 모습을 보니 여러 가지 생각이 떠올랐다.

돌아갈 수 없는 시절, 갈 수만 있다면 다시 한번 돌아가고 싶은 곳. 바로 첫 직장이다. '첫' 이란 말은 느리게 가는 달팽이가 끌고 간다. 그렇지 않고서야 세월이 흘러도 잊힐 리가 없다.

"첫 직장은 자신의 직업을 가지고
경제적으로 독립하는 것이기도 하다"

1등이 아니어도 괜찮다

최초만을 기억하는 세상이다. 달에 발을 디딘 최초의 사람은, 닐 암스트롱. 그렇다면 두 번째로 달에 착륙한 사람은, 글쎄, 누구지?

1969년 7월 20일 미국 유인 우주선 아폴로 11호가 세계 최초로 달에 착륙했다. 그리고 세 사람의 조종사가 차례로 우주선 밖으로 나왔다. 닐 암스트롱, 버즈 올드린, 마이클 콜린스가 그들이다. 이들 세 명이 달에 발을 디딘 시간은 단 몇 분 차이다. 그러나 제일 먼저 우주선에서 내려온 닐 암스트롱 이외 다른 우주인의 이름을 기억하는 사람은 거의 없다.

이건 스포츠 경기에서도 예외가 아니다. 올림픽에서 금메달을 딴 선수는 잘 기억하지만, 은메달, 동메달을 딴 선수는 잘 기억하지 못한다. 영국 프리미어리그EPL, 미국 메이저리그MLB, 한국 프로야구KBO 등의 우승팀은 기억하지만 2등, 3등은 잘 기억하지 못한다. 그래서일까. 오래전 KBS2의 개그콘서트에서 어느 개그맨이 한 '1등만 기억하는 더러운 세상' 이라는 말이 크게 유행하기도 하였다.

우리는 어릴 때부터 오로지 1등을 향해 쉼 없이 달려왔다. 성적 지상주의와 무한경쟁 속에서 학교, 사회할 것 없이 모두가 1등만이 우대받았다. 명문대를 나와야 하고, 좋은 직업을 가져야 하고, 가장 높은 자리에 올라야 했다. 그래야 성공한 삶이고, 그렇지 못하면 낙오자요 루저loser로 인식하였다. 올림픽 경기에서 세계 2위라는 대단한 성적을 거뒀음에도 은메달을 딴 선수는 시상대에서 마치 죄인이라도 된 것처럼 고개를 숙인다.

그러나 행복의 관점에서 보면 과연 1등은 늘 행복하고, 나머지는 모두 불행할까. 꼭 그런 것 같지 않다. 1등만 하면, 정상에만 서면 행복해질 것이라 믿었는데 아니다. 왜 그럴까.

1등은 불안하다. 정상의 자리를 지키기 위해 항상 긴장하여야 한다. 밑에 있는 사람이 언제 정상의 자리를 빼앗지나 않을까 경계해야 한다. 본의 아니게 나를 위해 다른 사람에게 마음의 상처를 주기도 한다. 약육강식의 치열한 적자생존의 정글 속에서 살아남으려면 누군가의 희생은 불가피하다. 그리고 성취한 것들을 지키기 위해 피나는 노력을 해야 한다. 어제보다 오늘, 오늘보다 내일 더 나은 성과와 실적을 내야 한다. 끊임없이 자기 자신을 채근하고 아랫사람을 독려한다. 하루하루 긴장된 생활에 만성적인 스트레스와 과로로 인해 육체적 건강을 해친다.

직장인이라면 누구나 임원이나 최고경영자가 되겠다는 꿈을 한 번쯤은 꿔 보았을 것이다. 그들이 누리는 높은 연봉과 회사에서 제공되는 사무실과 승용차는 직장인들에게는 로망이자 선망의 대상이다. 신입사원 때부터 로망을 목표로 개인의 삶과 가족은 후 순위, 회사와 일을 위해 열심히 노력한다. 그러나 현실적으로 고위 자리에 오르는 사람은 얼마 되지 않는다. 통계에 따르면 100명 중 1명이다. 내가 오를 수 없는 자리라는 사실을 깨닫는 순간 밀려오는 허망함은 이루 말할 수 없다. 포기할 수밖에 없는 상황에 맞닥뜨리면 직장생활을 헛되이 했다는 자괴감이 들기도 한다.

직장인들의 최고의 선망의 대상인 임원이나 최고경영자들의 삶을 실제 옆에서 지켜보노라면 마냥 좋지만은 않아 보인다. 우리는 그들의 명함에 찍힌 타이틀과 겉으로 보이는 넓은 사무실과 자동차만 생각한다.

로망의 자리에 오른 대가로 겪는 긴장감과 스트레스는 상상 이상이다. 매일매일 영업실적, 생산현황, 재무실적에 초긴장 상태다. 어지간한 강심장의 배짱이나 자신만의 스트레스를 해소하는 노하우가 없다면 긴장감을 견뎌내기가 쉽지 않다. 개인적인 삶이나 가정을 포기하는 경우가 허다하다. 웰빙, 워라벨과 같은 단어들은 그들에겐 사치이자 그림의 떡이다. 행복해 보이기는커녕 측은하고 딱하게까지 보인다.

세상에 영원한 것은 없다. 아무리 세계 신기록을 세웠어도 언젠가는 누군가에 의해 기록은 깨지게 되어 있다. 세월이 흐르면서 밑에 있다고 생각했던 후배들이 어느새 턱 밑까지 치고 올라와 있다. 내려와야 할 때가 된 것이다. 영원한 삶을 꿈꾸었던 진시황도 49세의 나이에 죽음을 맞이했다. 불로장생을 꿈꾼 진시황이 산 햇수는 고작 49년이었다. 대통령도 5년의 임기가 끝나면 내려와야 한다. 권불십년 화무십일홍權不十年 花無十日紅이다.

산이 높으면 계곡이 깊은 법. 높이 오른 사람일수록 내려올 길이 까마득하다. 한때는 모두가 알아주고 받들어 주었는데 누렸던 권력과 혜택을 내려놓아야 한다. 내려놓음은 많은 아픔을 동반한다. 특히 '내가 왕년에 이런 사람이었어' 라는 생각에 사로잡힌 사람이라면 내상內傷은 더 깊다. 재직 중에 받았던 스포트라이트는 화려하지만, 그것은 순간이다.

1등이 아니라고 결코 주눅들 필요 없다. 패배의식이나 열등감에 사로잡힐 필요도 없다. 직장에 있는 모든 사람은 각자 나름의 가치가 있다. 누군가는 하기 싫어하는 일이지만, 누군가는 반드시 해야 하는 일을 하는 사람들이다. 어떤 일을 하든 나의 일에 가치와 보람을 느낀다면 그걸로 직장생활 잘한 사람으로 칭찬받을 자격이 있다.

나는 우리나라 유수의 대기업에서 임원을 해 보지도, 더구나 최고경영자는 되어 보지도 못했다. 외국계 중견기업에서 임원을 한 것이 전부다. 나 스스로의 위안일 수도 있지만 더 높은 자리에 가지 않은 것이 얼마나 다행인지 모르겠다. 나로 인해 누군가에게 상처를 덜 주었다는 생각만으로도, 이만하면 직장생활 잘했다는 생각이다. 사람은 존재 자체로 빛나는 존재다. 내가 태어난 이유를 실현하는 것이 잘산 것이다. 직장이어도 좋고, 직장을 퇴임해서도 좋다. 마음이 시키는 일을 이제 시작하라.

직장은 돈 받으며 배우는 최고의 배움터

사람은 평생 배운다. 어쩌면 세상에 태어나면서부터 죽는 순간까지 끝없는 배움의 연속이다. 초등학교부터 대학까지 공적인 교육만이 전부가 아니다. 태어나 부모, 형제 등 가족으로부터 배우는 가정교육이 있고, 사회에 나가서는 이런저런 활동과 다양한 사람들을 통해 사는 방법과 지혜를 배운다. 개인의 독서를 통해서도 배우고, 강연, 세미나, 취미생활 등 각종 비공식적인 경로를 통해서도 배운다.

직장인에게 직장은 가장 큰 배움의 장이다. 하루의 절반 이상을 보내는 직장이야말로 직장인에게는 최고의 배움터다. 배울 수만 있다면 돈을 내고서라도 배워야 한다. 하물며 돈을 받으면서 배우니 얼마나 좋은가. 직장은 단순히 일을 하고 대가로 월급을 받는 이상의 의미가 있다. 직장은 일하는 장소이고 직장은 생계를 책임져 주며 배움까지 주는 인생 최고의 공간이다.

직장에서 배움의 경로는 크게 3가지다. 첫째는 '일'을 통한 배움이다. 일이야말로 배움의 최고의 교재다. 직장인들의 배움은 학생들의 배움의 성격과 목적이 다르다. 학생들의 배움은 지식을 쌓는 것이며, 좋은 성석을 받고 좋은 학교에 들어가는 것이 주목직이다. 직장인들의 배움은 자신의 역량competency을 개발하고 더 나은 성과performance를 내는 데 있다. 그래서 직장인들의 배움은 단순히 지식을 얻는 데에 그쳐서는 안 된다. 개인의 역량개발과 조직의 성과 창출과 연결되어야 배움이 더 가치를 발휘한다.

둘째는 '사람'을 통한 배움이다. 직장은 다양한 사람들로 구성되어 있다. 서로 협업을 통해 목적한 바를 이뤄내는 조직이다. 오랫동안 한 분야에 근무하여 전문적인 업무 지식을 가진 사람도 있다. 학교를 졸업하고 이제 갓 입사한 신입사원도 있다. 출신지, 살아온 배경, 출신학교, 전공도 다양하다. 성격과 취미, 관심 분야도 다르다. 다양한 사람들을 통해 단점은 고치고 장점은 더욱 발전시키기도 한다. 훌륭한 선배를 롤 모델로 삼아 따라 해보려고 노력하기도 한다. 멘토로 삼아 지도를 받기도 한다.

셋째는 '자기 스스로'의 배움이다. 업무 분야의 전문서적을 구독하고, 어학, 프레젠테이션, 커뮤니케이션 등에 관한 업무역량을 전문기관을 통해 배운다. 규모가 있는 회사라면 사내에 개설된 계층별, 직무별 교육에 참여하기도 하고, 교육이 없거나 부족할 경우에는 사외 교육기관에 등록하여 교육과정을 이수하기도 한다.

배움은 저절로 이루어지지 않는다. 먼저 배움을 위해서는 무엇보다 배움에 대한 열정이 있어야 한다. 왜 배워야 하는지 명확한 자기 철학과 목표가 있어야 한다. 그래야 오래 가고, 뭘 배워야 하는지 계획도 세울 수 있다. 남이 시켜서, 마지못해 억지로 하는 배움은 오래 가지도 못하고 효과도 떨어진다.

배움에 대한 열정이 있다는 것은 간절함이 밑바탕에 있다는 것이다. 간절하지 않은 사람은 공부하지 못하는 이유, 안 하는 이유도 참 많다. 그중에서도 시간이 없다는 핑계가 제일 많다. 간절한 사람은 시간이 없다는 핑계를 대지 않는다. 없는 시간도 만들어서 배운다. 피곤한 하루일과를 마치고 저녁에는 좀 쉴 만한데도 시간을 내서 공부한다. 주말에도 다른 스케줄이 있음에도 짬을 만들어 배우려고 한다.

배움을 위해서는 배우는 것이 즐거워야 한다. 논어의 첫 문장도 '배우고 때때로 익히면 어찌 기쁘지 아니한가學而時習之 不亦說乎' 로 시작한다. 배움의 기쁨은 느껴 본 사람은 잘 안다. 배운다는 것은 많은 인내와 시간을 요구한다. 힘들고 지루하다. 공부에 대한 습관이 안 되어 있어서 그렇다. 그러나 습관이 되고, 가시적인 결과를 맛보게 되면 세상 어떤 놀이보다 즐거운 것이 배움이다. 모르는 것을 하나하나 깨우치는 희열감은 어떤 것에도 비교할 바가 못 된다.

한 직장에서 정년을 맞는 경우는 이제 흔치 않다. 적어도 평생을 통해 몇 개의 직장과 직업을 옮기는 시대가 도래하였다. 수명의 연장으로 현역을 은퇴한 이후에도 일을 해야 하는 시대다.

직장을 단순히 일하고 월급 받는 곳이라는 생각에서 탈피하여야 한다. 직장을 배움의 장이라는 생각을 가져야 한다. 지금, 현재 다니고 있는 직장을 잘 활용해야 한다. 하는 일이 있고, 많은 사람이 있다. 모두가 훌륭한 배움의 교재요 스승이다. 이보다 좋은 배움의 장이 어디에 있겠는가. 그것도 돈을 벌면서 이용하는 배움의 장이니 얼마나 좋은가. 직장은 성장의 계단을 제공해 준다. 다만 본인이 찾아 노력할 때 가능한 말이다.

"직장인에게 직장은 가장 큰 배움의 장이다
하루의 절반 이상을 보내는 직장이야말로
직장인에게는 최고의 배움터다"

인복人福도 만들어진다

인생에 성공했다고 하는 사람들 얘기를 들어보면 한결같다. 인복이 많았다고 한다. 정신적으로 힘들 때 누군가 곁에 있었다. 그 사람의 따뜻한 위로와 격려의 말이 큰 힘이 되어 극복할 수 있었다고 한다. 경제적으로 힘든 시기에 누군가 도움의 손길을 주었고, 그것을 발판 삼아 크게 일어설 수 있었다. 그래서 나는 인복이라는 것은 분명 있다고 믿는다. 사람이 사람을 도와주는 것이 인복이다. 인복이 인생에서 큰 영향을 끼친다. 부인할 수 없는 사실이다.

몇 년 전 직장인들이 가장 갖고 싶어 하는 운으로 '인복'을 꼽았다는 한 조사결과를 본 적이 있다. 우리가 흔히 생각하는 재물 운이나 승진운보다 더 앞선다는 것이다. 직장생활을 어느 정도 해본 사람이라면 아마도 충분히 이해가 되리라 본다.

조사결과는 직장인들이 직장 내에서 사람들과의 관계를 그만큼 중요하게 생각함을 보여준다. 직장생활을 잘하기 위해서는 다른 사람과 서로 도움을 주고받는 것이 얼마나 큰 영향을 미치는지를 경험적으로 알고 있기 때문이다. 직장생활을 하다 보면 여러 가지 기회와 위기가 있기 마련이다. 이때 뜻하지 않은 누군가의 도움을 받아 더 큰 기회를 얻기도, 위기를 극복한 경험을 누구나 한 번쯤 가지고 있을 것이다.

첫 직장에 들어가 10여 년이 지났을 때였다. 나름대로 업무에 적응도 하고, 직책도 과장이 되어 중간관리자 역할을 하고 있을 때였다. 문득 여기서 이대로 머물다간 그럭저럭 직장생활을 하다 오래지 않아 그만둘 것 같다는 생각이 들었다. 뭔가 돌파구가 필요한 시점이었다.

때마침 다녔던 그룹이 미국의 꽤 유명한 대학과 MBA 과정을 개설하였다. 젊은 사원들을 교육시켜 미래 회사를 이끌 리더로 키운다는 목표 아래 엄청난 돈을 투자하는 프로그램이었다. 도전해 보기로 하였다. 입학을 위해 영어 시험, GMAT 시험, 인터뷰 등의 절차가 필요했다. 그러나 첫 번째 관문은 회사의 추천서였다. 추천서가 있어야 입학 과정을 진행할 수 있어 무엇보다 중요했다. 상사분에게 내 뜻을 얘기했다. 흔쾌히 승낙하고 추천해 주셨다. 열심히 한 번 해보라는 격려의 말도 잊지 않으셨다.

이렇게 하게 된 MBA 과정이 직장생활에 큰 전환점이자 도움이 되었다는 것을 알게 되는 데는 오래 걸리지 않았다. 미국에서 학교에 다니고 있는 중에 IMF 경제위기가 닥쳤다. 얼마 지나지 않아 거짓말처럼 다니고 있던 그룹이 해체되었다. 회사를 그만두고 회사를 옮기게 되었다. MBA 졸업이 도움이 되었다. 운명은 뜻하지 않은 곳에서 복이 되어 돌아왔다.

MBA 졸업의 도움으로 외국계 기업에서 근무하게 되었고, 정년이 되도록 직장생활을 할 수 있게 된 밑거름이 되었다. 그 당시 상사분이 추천서를 써 주지 않았다면 교육과정에 참여할 수 없었고 현재의 나도 없었을 것이다. 돌아보면 그 상사분은 나에게 큰 인복이었다. 감사한 마음이다.

인복에 대해서는 두 가지 관점이 존재하는 것 같다. 하나는 인복은 타고난 것이라는 관점이고, 또 하나는 인복은 만들어진다는 관점이다. 직장에서 누구를 만나는가는 사실 의지와는 관계가 없는 경우가 대부분이다. 누구는 가는 곳마다 좋은 사람을 만나고, 누구는 이상하리만치 도움은커녕 힘든 사람만 만난다. 두 가지 관점이 모두 다 나름대로 일리가 있어 보이기도 한다.

인복이 있고 없고는 대개 사후적이고 결과론적인 판단에 따라 평가한다. 당시에는 인복이라는 인식 자체도 없었다. 세월이 지나고 생각해 보니 그게 인복이었다. 아니면 당시에는 인복이라고 생각했지만, 후에 생각해 보니 그냥 알고 지낸 사이, 또는 서로가 자신의 이익을 위해 이용한 사이에 불과했다.

흔히들 '인맥'이 많은 것을 인복이 많다는 것과 혼동하기도 한다. 분명하게 인맥과 인복은 다르다. 사전적 의미로 인맥이란 단순히 알고 지내는 사이이다. 다른 사람의 도움을 받는 복이라는 의미인 인복과는 다른 개념이다. 아는 사람이 많다는 '마당발'이나 휴대폰에 수천 명의 전화번호가 저장되어 있는 사람이 인복이 좋은 것은 아니다. 오히려 많은 사람을 관리하기 위해 정작 본인의 사생활이 없는 경우가 많다. 많은 사람들 중 누군가로 인해 상처받고 삶이 파괴되는 경우도 있다. 인맥이 많은 것이 인복이 많다고 장담할 수 없다. 인맥은 아는 사람의 양量이고, 인복은 좋은 사람을 만나는 질質이다.

인복이 타고난 것이냐, 만들어지는 것이냐는 물음으로 돌아가서 만들어진다는 것에 동의한다. 인복이 많은 사람은 몇 가지 특징이 있다. 첫째, 자신에게 겸손하다. 겸손은 자존감으로 만들어지는 열매다. 둘째, 다른 사람을 인정하고 존중한다. 타인에 대한 존중은 당당함의 산물이다. 셋째, 무엇보다 자기가 하는 일에 최선을 다해 열심히 한다. 최선을 다한다는 것은 동력을 잃지 않는 뚝심이 있다는 것이다. 인복이 많은 사람의 특징을 가진 사람에겐 주위에 사람이 많이 모인다. 좋은 특징을 가진 사람에게 도움을 주려고 한다. 이게 인지상정이다. 자연스럽게 성공한 사람은 인복이 많은 사람이 된다. 아니, 될 수밖에 없다.

인복은 상대적이다. 누군가가 나에게 인복이었다면 누군가도 나를 인복이라고 생각해야 좋은 관계다. 누군가가 나를 기억할 때 만나지 말았어야 할 사람으로 기억된다면 이건 나만의 반쪽 인복이다. 양쪽이 모두 인복이라고 인식하고 있을 때야 온전한 인복이라고 할 수 있다. 나도 누군가에게 그런 사람으로 기억되고 싶다. 내가 있어 행복해하는 사람이 있다면 성공한 인생이다. 누군가가 세상에 함께 있어 내가 행복하다면 그 사람은 성공한 인생이다.

진정한 워라벨이란

한국 사람은 일 많이 하는 민족으로 정평이 나 있다. 이는 통계적으로도 증명되고 있다. OECD의 발표에 따르면 2021년 기준 한국인들의 근로시간이 연평균 1,915시간으로 세계 5위라고 한다. 우리보다 근로시간이 긴 국가들은 멕시코를 비롯하여 모두 남미국가들이다. 몇 해 전까지만 해도 세계 1, 2위를 다퉜는데 그나마 좀 나아진 것이 이 정도다. 근로시간 단축을 위해 법정근로 주 40시간, 연장근로 포함 주 52시간을 법으로 제한한 덕분이다. 그럼에도 한국은 여전히 세계에서 가장 근로시간이 긴 국가 중 하나이다.

이런 배경에는 가난을 벗어나야 한다는 절박한 사정이 있었다.

일제 식민시대, 6.25 한국전쟁을 겪으면서 지금부터 반세기 전까지만 해도 우리나라는 세계 최빈국 중 하나였다. 가난한 살림에 가족을 부양하고 자식들 교육을 위해 우리의 부모 세대가 선택할 수 있었던 것은 오직 열심히 일하는 수밖에 없었다. 나의 어린 시절 나의 부모님을 생각해 봐도 이른 새벽에 일어나 논밭으로 나가 해가 떨어질 때까지 일만 하시던 기억밖에 없다.

시금 우리는 단군 이래 역사상 최고의 풍요로운 시대를 살아가고 있다. 경제적으로 후진국, 개발도상국을 졸업했고, 선진국의 대열에 들어섰다. 모든 것이 풍요로움을 넘어 차고 넘칠 정도다.

일차적으로 먹고 사는 문제가 해결되면 그다음엔 삶의 질을 생각하는 것이 너무나 자연스러운 현상이다. 조금이라도 더 노동해서 한 푼이라도 돈을 더 벌어야겠다는 생각은 점차 줄어든다. 대신 가족과 더 많은 시간을 보내고, 나의 여가시간을 더 많이 갖기를 원한다. 일과 삶의 균형Work and Life Balance이라는 '워라벨'이 자연스럽게 부상하였고, 이제 이는 하나의 사회적 현상이자 대세가 되었다.

이러한 추세에 맞춰 기업들은 직원들의 근로시간을 줄이고, 개인의 삶을 존중하고 향상하는 데에 관심을 두기 시작하였다. '나인 투 파이브Nine to Five' 근무시간이 정착되고, 퇴근시간 후 컴퓨터 전원을 차단하면서까지 퇴근을 강제하기에 이르렀다. 전직 모 대통령은 후보시절 '저녁이 있는 삶'을 대선공약으로 내세워 직장인들을 포함한 유권자들로부터 많은 공감과 호응을 얻기도 하였다. 최근 전 세계적으로 코로나19가 유행한 이후에는 재택근무가 여러 가지 근무형태 중 하나의 대안으로 확실하게 자리 잡게 되었다.

요즘 MZ 세대를 비롯한 젊은 사람들에게 일과 삶의 균형, 웰빙 등의 문제는 단순히 트렌드 이상의 의미를 가진다. 이제 워라벨은 직장을 선정하거나 직장을 옮기는 중요한 이유가 되고 있다.

경총(한국경영자총협회)이 지난 2022년 5월 MZ 세대 구직자 1,000명을 대상으로 괜찮은 일자리 판단기준을 조사한 결과 '일과 삶의 균형이 맞춰지는 일자리' 라는 답이 66.5%로 1위를 차지했다고 한다. 이는 연봉, 복지수준 등의 항목보다 더 높은 수치이다. 이직을 하는 경우에도 임금은 좀 적게 받더라도 일에 대한 스트레스가 낮고 개인, 가정생활 시간이 많은 회사로 옮기려는 경향이 많다.

사실 내가 처음 직장생활을 시작하였을 때는 워라벨이라는 말 자체가 아예 없었을뿐 아니라 그러한 인식을 하지도 못했던 때였다. 당시엔 퇴근시간이 지났고 해야 할 업무가 없더라도 상사가 퇴근하지 않으면 사무실을 지키고 있어야 하는 분위기였다. 회식도 하나의 업무의 연장으로 간주하여 회식을 빠지기도 어려웠다. 심지어 주말에 상사가 자신의 취미인 등산을 함께 가자고 할 때 거절한다는 것은 어느 정도 강심장이 아니면 하기 어려웠던 시절이었다. 지금 세대들은 잘 이해하기 힘들 것 같은 이러한 일들이 그때는 너무나 당연시 되었다.

확실히 워라벨은 필요하다. 사람은 기계와 다르다. 하물며 기계조차도 오랜 시간 가동하고 난 뒤에는 쉬게 하는데 사람은 말할 나위도 없다. 오로지 일에만 매달리는 일 중독자는 반드시 탈이 난다. 신체적인 문제뿐만 아니라 정신적인 만성적 스트레스를 겪고 번 아웃burn out 상태에 빠지기도 한다. 직장생활을 하면서 이러한 경우를 가끔 목격하게 되는데 참으로 안타까운 일이 아닐 수 없다. 건강을 잃으면 모든 걸 잃는다. 그래서 어느 정도의 휴식과 재충전은 반드시 필요하다. 많은 연구에서 워라벨이 업무의 효율성과 생산성 증대에도 도움이 된다는 것을 보여주고 있다.

한편, 워라벨을 무조건 맹신해서는 안 된다고 주장하는 사람들도 있다. 워라벨을 주장하는 저변에는 일은 고통이고 억지로 하는 것이며, 다른 삶이 행복이고 진짜라는 잘못된 가정이 있기 때문이라는 것이다. 이병태 카이스트KAIST 경영공학과 교수는 자신의 페이스북에 올린 글에서 일도 삶의 가장 큰 부분 중에 하나라며, "일에서 자부심을 느끼고 보람을 느끼지 않는 사람이 다른 삶에서 행복을 찾기란 불가능에 가깝다"라고 하였다.

최인철 서울대 심리학과 교수도 한 언론과의 인터뷰에서 다음과 같이 말했다. "워라벨이란 일과 삶이 매일매일 균등하게 배분되어야 하는, 기계적인 균형이 아니라는 것입니다. 때로는 일터에서 무언가에 몰입해서 의미 있는 목표를 추구해야 할 때도 있습니다. 그럴 때는 인간관계나 가정에 상대적으로 조금 소홀해질 수도 있죠. 그러나 항상 의식 속에서 '이 일만 끝나면 다시 가족들과 충분한 시간을 보낼 거다' 라고 생각하는 것, 즉 자신의 마음 안에서 일과 삶의 균형을 맞추는 것이 워라벨의 진정한 의미가 아닐까요." 결국 워라벨이란 일과 삶을 기계적으로 균형을 맞추는 것이 아니라, 전체적으로 균형을 맞추는 것이 중요하다고 얘기하고 있다.

이래서 살아가면서 매사가 그렇듯 중용을 지키고 균형을 맞추는 것이 어려운 것 같다. 일과 삶의 균형도 마찬가지다.

내가 오늘도 인문학 책을 읽는 이유

사람을 공부하는 학문, 인문학이다. 인간을 인간으로 보는 체온이 있는 학문이 인문학이다. 인문학이 우리나라에서 열풍이 불게 된 계기는 스티브 잡스Steve Jobs일 것 같다. 세계적인 IT 기업 애플을 창업하고, 끊임없이 혁신적인 제품을 내놓은 잡스가 한 말들이 기폭제가 되었다. 잡스는 말했다. "기술만으로 충분하지 않다. 우리의 가슴을 뛰게 하는 것은 인문학과 결합한 기술이다. 나는 항상 기술과 인문학의 갈림길에서 고민해 왔다." 그러면서 "소크라테스와 한나절을 보낼 수 있다면 애플을 내놓겠다." 라는 말까지 했다. 잡스의 말을 들은 많은 사람은 처음엔 의아해했다. 기술의 최첨단을 걷고 있는 기업의 CEO가 한 말이기에는 너무나 의외였다. 철학자나 사상가 같은 말이었다.

스티브 잡스는 대학을 중퇴하고 인문학 강의를 들었다. 캘리그래피calligraphy 수업을 들었다. 후에 매킨토시의 글자체를 개발하는 데 결정적 역할을 했다. 잡스의 자서전에서 술회하고 있는 내용이다. 잡스는 인도여행을 하고 불교에도 심취하였다. 지식의 지평을 넓히고, 종교의 확장을 시도했다.

인문학의 열풍은 기업에서 먼저 시작되었다. 기업 CEO들이 더 적극적이었다. 문학, 역사, 철학의 인문학 강좌가 인기를 끌었다. 관련 서적들의 출판이 봇물을 이루었다. 자기계발서를 제치고 베스트 셀러 목록에 포함되었다. 대형 서점에 인문학 코너가 별도로 만들어졌다. 대학은 인문학의 위기라고 하고 있었다. 그러나 사회에서는 오히려 인문학 열풍, 아니 광풍이 부는 기현상이 벌어졌다. 기업에서 신입사원을 채용할 때 인문학 지식과 소양을 중요한 채용의 기준으로 삼기까지 하였다.

인문학 열풍의 배경에는 그때가 기업들로서는 돌파구가 필요한 시점이었다. 우리 기업들은 자동차, 조선, 가전 등 하드웨어적인 기술 면에서는 세계적인 경쟁력을 갖추게 되었다. 그러나 이것으로는 부족했다. 시대를 선도하는 창의적인 '뭔가'가 필요했다. 살아남기 위해서는 따라가는 것이 아니라 앞서가야 한다는 것을 깨닫기 시작했다. 창의적인 뭔가를 기업 CEO들은 인문학에서 찾았다. 인문학을 통해 스티브 잡스와 같은 통찰insight, 상상력imagination,

창의성creativity을 얻고자 하였다.

인문학 열기는 일반 대중들에게도 미쳤다. 열기의 동기와 목적은 기업의 CEO들과 달랐다. 오로지 앞만 보고 쉬지 않고 달려왔는데 이제 발걸음을 멈추는 쉼이 필요했다. 나는 누구이고, 어디로 가고 있는지 자기 성찰의 시간이 필요했다. 세상살이에 지친 내 마음을 치유하고 힐링하는 시간이 필요했다. 열심히 살았는데, 왜 열심히 살고 있는지 알아야 했다. 열심히 사는 것은 힘들고 벅차다. 힘들고 벅찬 일을 왜 계속해야 하는가에 대한 의문이 생겼다. 일반 대중들에게 인문학이 재조명되는 계기였다.

내가 다니는 회사의 직원들을 대상으로 인문학을 강의하는 기회를 가진 적이 있었다. 내가 특별히 인문학을 많이 공부하고 알아서 한 것은 아니었다. 매일매일 생산성 향상, 원가절감 아이디어에 몰두하고 있는 직원들에게 잠시나마 머리를 식히는 시간을 주겠다는 생각으로 시작하게 됐다. 봄부터 가을까지 20여 차례에 걸쳐 전 직원을 상대로 진행되는 교육 프로그램이었다. 인문학이 뭔지, 인문학을 왜 공부하는지 등을 사례를 들어가며 강의했다.

첫해 실시한 강의에 대한 반응이 예상외로 좋았다. 교육 주관자로부터 인문학 강의를 계속해 주었으면 하는 요청이 들어왔다. 두 해를 더 하게 되었다. 호메로스, 사마천, 단테, 세익스피어, 톨스토이와 같은 작가들과 작품들을 소개하는 강의를 하였다. 덤으로 나 자신도 강의를 준비하면서 인문학에 대해 많은 것을 배우는 기회가 되었다.

최근 인문학 열풍은 상당히 가라앉은 것 같다. 한편에서는 인문학의 열풍 현상을 곱지 않은 시각으로 바라보는 측면도 있다. 기업 입장에서는 직원들의 인문학적 소양이 기업에 얼마나 도움이 되는지 가늠하기 쉽지 않다. 이윤을 내는 것이 최고의 가치인 기업으로서 정량적으로 측정되는 결과가 없는 한 확신을 가질 수 없다. 만일 기업의 CEO나 직원들의 인문학적 소양이 기업의 성과에 긍정적인 영향을 끼친다는 실증적인 연구결과가 나온다면 아마 기업들은 너도나도 인문학 교육에 열을 올릴 것이다.

인문학을 단순히 기업의 성과와 연결하는 것은 맞지 않다. 오히려 사람의 일을 다루는 인사 측면에서 인문학을 바라보고 싶다. 인문학의 사전적 의미를 보아도 인간을 연구하는 학문이 아닌가. 최진석 전 서강대 철학과 교수는 저서 〈인간이 그리는 무늬〉에서 문文이란 '무늬'란 뜻이며, 따라서 인문人文이란 '인간의 무늬'를 의미한다고 하였다. 결국, 인문학을 배우는 목적도 인간이 그리는 무늬, 즉 인간의 결과 동선을 이해하고, 인간이 보다 더 나은 삶을 살 수 있을지를 연구하는 학문이라고 할 수 있다.

인문학은 바로 답이 나오지 않는다. 인문학 책 몇 권 읽었다고 바로 인문학 소양이 쌓여 지는 것도 아니다. 바로 돈이 되는 학문은 더더욱 아니다. 그럼에도 인문학은 여전히 유효하다. 인문학의 정신이 첨단 과학이나 기술과 같은 편리함은 주지 못한다. 그러나 살아가는 지혜와 사물을 꿰뚫는 통찰력과 혜안을 준다. 마음이 아프고 누군가로부터 상처받을 땐 위로와 치유를 준다. 기쁠 때는 기쁨을 배로 하고, 슬플 땐 슬픔을 반으로 줄여준다. 좌절과 실패에 맞닥뜨렸을 때는 견뎌내고 극복할 수 있는 용기를 준다.

인문학은 사람을 바로 서게 하는 학문이다. 인문학은 사람을 사람답게 만든다. 인간을 인간답게 하는 인문학은 사람 속에 있고, 사람은 책 속에 들어있다. 그래서 나는 오늘도 인문학 책을 읽는다.

좋은 상사가 된다는 것

직장인들에게 직장생활에서 가장 어려운 점이 무엇이냐고 물어보면 인간관계를 꼽는 사람들이 많다. 그중에서도 상사와의 관계가 힘들다는 말을 많이 하곤 한다. 심각한 경우에는 상사와 좋지 않은 관계 때문에 회사를 그만두고 싶다고까지 한다. 미국의 격언에도 "사람들은 나쁜 일을 떠나는 것이 아니라 나쁜 상사를 떠나는 것이다."라는 말이 있다고 한다.

직장생활을 하면서 좋은 상사를 만나는 것은 큰 복중의 복이다. 실제로 어떤 상사를 만나느냐가 직장생활을 통틀어 매우 큰 영향을 끼치기도 한다. 특히 신입사원 시절 어떤 상사와 함께 직장생활을 시작하는가는 이후 그 사람의 직장관, 태도, 업무역량 등에 큰 영향을 준다고 해도 과언이 아니다.

좋은 상사에 대한 기준은 개인마다 다 다르다. 어떤 사람은 상사의 인간성에 주안점을 두고 기준을 정한다. 이런 사람은 상사의 인품, 성격 등이 좋은 사람을 좋은 상사로 생각한다. 또 어떤 사람은 상사의 능력에 초점을 두고 평가하기도 한다. 이런 사람은 실력이 뛰어나고 성과를 내는 상사를 좋은 상사로 생각한다. 이렇듯 각자 보는 관점에 따라 좋은 상사의 기준은 얼마든지 다르다. 어느 기준이 옳다고 단정할 수도 없다. 또한 어느 한두 가지 요인으로 판단하는 것도 아니고, 여러 요소를 종합적으로 고려하여 판단하여야 한다. 이 세상에서 모든 것에 완벽한 이상적인 상사는 존재하지 않기 때문이다.

좋은 상사의 기준은 직장생활 기간의 흐름에 따라서도 변하는 것 같다. 대체로 직장생활 초기에는 인간미가 있고 대하기 편안한 상사를 좋은 상사로 생각하는 것 같다. 내 말을 잘 경청해 주고 칭찬을 많이 해주는 상사를 대체로 좋게 생각한다. 그러나 중반기를 지나면서는 나의 발전과 성장에 도움을 주었던 상사가 기억에 많이 남는다. 신입 시절에는 혹독하다 못해 도저히 함께하기 힘든 나쁜 상사로 생각했던 상사였는데, 나중에는 오히려 이런 상사에게 고마움을 느끼는 것이다.

이는 마치 어린 시절에는 부모님들의 말씀을 잔소리로 생각했는데 나중에 커서 되돌아보니 나 잘되라고 한 말이었고, 그것이 나의 성장에 큰 역할을 했음을 깨닫는 것과 같다. 심지어 왜 그 당시 좀 더 나를 더욱 엄하게 꾸짖지 않았느냐고 부모를 원망하기도 한다.

내가 생각하는 좋은 상사는 이런 사람이다. 첫째는 인품이 훌륭한 사람이다. 품격이 있는 사람인데 한마디로 정의하기는 쉽지 않다. 이런 상사는 저절로 존경심이 느껴지는 사람이다. 나의 롤 모델로 따라 하고 싶고 미래의 나도 그렇게 되고 싶은 사람이다. 이런 상사는 뛰어난 실력의 소유자이고 높은 지위에 있지만 거만하지 않고 겸손하다. 자신의 지위를 이용해 군림하거나 사익을 취하려 하지 않는다. 권위는 있지만 권위적이지는 않다. 온화하고 인자한 모습이지만 쉽게 범접하기 어려운 카리스마의 아우라가 풍긴다. 부하들을 인격적으로 대우하고 각자의 역할을 존중해 준다.

둘째는 공功은 부하에게 돌리고 책임은 본인이 지는 사람이다. 아랫사람이 공을 세우면 아낌없이 칭찬을 해주고, 일의 결과에 대해서는 본인이 책임을 진다. 아랫사람의 공을 가로채 자신의 공으로 만들지 않는다. 자기 잘못이 있는 경우에는 쿨하게 인정할 줄 알며, 이를 아랫사람에게 전가하지 않는다. 이런 상사는 외풍을 막아주는 든든한 울타리가 되어준다.

마지막으로는 나의 성장을 격려하고 지원하는 사람이다. 이런 상사는 직장의 상사이기 전에 코치이자 선생님이다. 잘못된 길을 가고 있으면 올바른 길을 안내하고 제시해 준다. 어떤 때에는 눈물을 쏙 빼놓을 정도로 엄한 죽비를 내리치기도 한다. 그래도 밉거나 야

속하지 않다. 그것이 결코 부하직원을 야단치거나 혼내주기 위한 것이 아니라 진정으로 성장하기를 바라는 마음에서 하는 것임을 알기 때문이다.

누구나 어느 누구의 부하직원이면서 동시에 누군가의 상사이기도 하다. 부하와 상사는 반대편에 서 있는 관계가 아니라, 기차 레일처럼 함께 가는 상호보완적인 관계이다. 부하직원은 좋은 상사를 통해 배우고, 좋은 상사는 부하들의 성장과 발전을 도와준다.

나 개인적으로도 지난 직장생활을 회고해 보면 좋은 상사분들을 많이 만난 것 같다. 그분들을 통해 일을 배웠고, 인간관계를 배웠고, 인생을 배웠다. 그분들이 있었기에 오늘의 내가 있었다고 생각한다. 그래서 감사하다.

"부하와 상사는 상호보완적인 관계로
부하직원은 좋은 상사를 통해 배우고,
좋은 상사는 부하들의 성장과 발전을 도와준다"

굵고 짧게 혹은 가늘고 길게

누구나 한 번쯤은 인생을 굵고 짧게 살고 싶은지 아니면 가늘고 길게 살고 싶은지 생각해 본 적이 있을 것이다. 나도 어린 시절 가끔 이런 생각을 해본 적이 있다. 단연 굵고 짧게 살고 싶다는 생각을 더 많이 하였다. 왜냐하면, 굵고 길게 살면 좋겠지만 둘 다를 갖는 행운은 주어지지 않는다고 생각했기 때문이다.

굵고 짧게 사는 게 멋있어 보였다. 한 번 사는 인생 제대로 폼나게 살고 싶다는 생각을 했다. 대개 위인전에 나오는 인물들의 삶이 그랬다. 진시황은 나이 40에 중국을 통일하고 49세의 나이에 죽었다. 나폴레옹은 30대 초반에 황제에 등극하고 유럽 전역을 호령하다 50세에 생을 마감했다. 천재적인 음악가 모차르트는 수많은 명곡을 작곡하고 35세의 나이에 요절했다. 위인 중에 오래 산 사람들도 많았지만, 불꽃처럼 살다가 일찍 죽은 사람들이 더 위대해 보였다.

내가 어렸던 시절의 시대적 상황도 짧고 굵게라는 생각을 하게 하는데 한 몫 했다. 우리나라가 아직 경제, 사회, 정치적으로 성숙하기 전이었다. 모든 것이 불확실성의 시대였다. 누구나 재능과 실력이 있으면 성공할 수 있다는 꿈을 꾸던 때였다. 흙수저 출신이라도 개천에서 난 용이 될 수 있다는 가능성에 희망을 걸었다.

어릴 적 나의 이런 바람과는 다른 삶을 살아왔다. 특별히 내세울 것도 없이 지극히 평범하게 살았다. 우선은 가늘게 살았다. 과거와 달리 100세 시대라고 하니 더 두고 봐야 하겠지만 60세가 넘도록 살고 있으니 길게 살고 있다. 어린 시절 꿈꿨던 폼 나고 멋진 삶은 이미 물 건너간 셈이다.

직장생활을 처음 시작하면서도 가늘고 길게 보다는 굵고 짧게 하는 직장생활을 꿈꿨었다. 가끔 초고속 승진하여 임원이 되고 사장까지 올라갔다는 샐러리맨의 신화에 관한 이야기를 들을 때 나도 그렇게 됐으면 하는 바람을 가진 적이 있었다. 부러웠고, 그렇지 못한 나 자신이 초라하게 여겨질 때도 있었다.

IMF 경제위기, 글로벌 금융위기 등을 거치면서 상황이 많이 변했다. 오히려 직장인들 가운데 빠른 승진을 꺼리는 현상마저 나타났다. 임원이 되어 조기에 퇴직하는 것보다 평직원으로 정년까지 직장생활을 하는 게 더 낫다는 생각이 퍼졌다. '사오정', '오륙도' 라는 말이 널리 회자되었다.

어릴 적 꿈이었던 굵고 짧은 삶을 살지 못한 지금의 내가 어쩌면 다행인지 모른다는 생각마저 든다. 이런 생각을 하기 시작한 것은 어느 정도 직장생활을 하고나서부터였다. 임원으로 승진한 사람들 가운데 많은 사람들이 2~3년마다 더 고위직으로 승진하지 못하면 옷을 벗었다. 그러면서 자연스럽게 임원이 된다는 것이 마냥 좋은 것만도 아니며, 임원을 왜 '임시직원' 이라고 부르는지도 알게 되었다.

요즘 젊은이들 사이에는 20~30대에 열심히 노력하여 성공해서 40대에 경제적 독립을 이루고 일찍 은퇴하는 것을 꿈으로 여기는 사람들이 많다고 한다. 일명 파이어FIRE: Financial Independence, Retire Early족이라고 한단다. 미래와 노후가 불확실한 시대에 살고 있어 일견 이해는 되지만 사실 쉽지 않다. 일부 전문직 고소득자가 아니면 이루기 힘든 꿈이다. 로또 당첨이나 주식 대박 같은 역전 인생의 '한방' 이 아니면 현실적으로 어렵다.

어릴 적 꿈대로 굵은 인생은 못살았지만 가늘고 길게 산 게 나에게는 천만다행이다. 나는 조금 늦은 나이에 결혼하여 가정을 이루었다. 아이들이 모두 독립하려면 좀 더 시간이 필요한 내가 굵고 짧은 삶을 살았다고 생각하면 끔찍한 일이다. 가늘고 길게 산 것에 새삼 감사함을 느끼고 있는 요즈음이다.

직장생활을 해보니

졸업여행을 다녀왔다. 학창 시절 이후 졸업여행은 처음이었다. 고맙게도 다니고 있는 회사의 후배 동료 몇 사람이 나의 정년을 앞두고 졸업여행이라는 이벤트를 해주었다. 1박 2일의 짧은 여정이었지만 직장생활을 돌아보는 뜻깊은 시간이었다.

직장생활을 돌아보면 여러 가지 생각에 만감이 교차한다. 혈기 왕성했던 20대 중반에 시작하여 60이 되는 나이까지 쉬지 않고 달렸다. 결혼을 하고 아이를 셋 낳았다. 반지하 월세방에서 시작했으나 지금은 우리 가족이 의탁할 집도 한 칸 마련했다. 맨 처음 서울에 올라와서 고층 아파트를 바라보며 나는 언제 저런 아파트에서 살아보나 했다. 그런데 그 꿈을 이뤘다. 촌놈 성공했다.

지난 직장생활 짧지 않은 시간이었다. 공자가 말한 서른 살의 이립而立, 마흔 살의 불혹不惑, 쉰 살의 지천명知天命을 지나 이제 예순 살의 이순耳順에 이르렀다. 그동안 거쳐 간 대통령만 여덟 분이었다. 올해 아홉 번째 대통령을 새로 뽑았다. 88올림픽이 있었다. 2002 월드컵이 있었고 2018 평창동계올림픽이 있었다. 1997년 IMF와 2008년 글로벌 금융위기를 경험했다. 회사도 여러 번 이직을 했다. 용케 살아남았다.

내가 결코 잘나서, 잘해서가 아니었다. 나 자신의 능력과 한계를 누구보다 잘 안다. 하늘이 도와주고 과분한 행운이 따랐다. 나는 본래부터 운칠기삼運七技三을 믿는 사람이다.

무엇보다 주위에 좋은 사람이 많았다. 힘들어할 때 격려해 주는 사람들이 있었다. 돌파구를 찾지 못하고 헤매고 있을 때 지혜를 주는 사람들이 있었다. 내가 하고 싶은 것이 있을 때 흔쾌히 도움을 준 사람들이 있었다. 그들이 있었다. 그들이 아니었다면 지금의 나는 있을 수 없었을 것이다. 그들이 있어 직장생활의 지혜도 배웠다. 그들이 있어 인생을 배울 수 있었다. 그들은 내 인생의 등대였다.

한편 굳이 그렇게까지 할 필요가 있었는가 하는 회한도 남는다. 나와 의견이 다르다고 상대방에게 화를 내기도 했다. 의도하지 않게 큰소리를 낸 적도 있었다. 누군가를 의심해보기도 했다. 뒤에서 욕도 했다. 남보다 잘 보이기 위해 나의 성과를 포장하기도 했다.

남의 실적을 은근히 깎아내리기도 했다. 지나고 보니 부질없는 일이었다. 무엇보다 나로 인해 마음의 상처를 받았을 사람들에게 미안한 마음이다.그래서일까. 새삼 그들이 감사하다.

소망이 있다면 옛 추억을 더듬어 과거에 함께 일했던 사람들을 한 사람 한 사람 만나보고 싶다. 지금 어디서 살고 있는지 한번 만나고 싶다. 그간 어떻게 살아왔는지 얘기도 듣고 싶다. 고마웠던 사람에겐 고마움을 전하고 싶다. 서운하게 했던 사람이 있었다면 미안하다고 말해주고 싶다.

김형석 연세대 명예교수는 〈백 년을 살아보니〉에서 인생의 황금기는 60세에서 75세 사이라고 했다. 김형석 교수의 말을 빌리면 나는 이제 인생의 황금기에 막 접어들었다. 지금까지 나의 삶은 황금기를 맞기 위한 준비 기간이었다. 새로운 꿈을 이루기 위한 전초전이었다. 열매는 꽃이 진 자리에 맺힌다. 꽃이 이제 열매를 맺기 위해 졌다. 다시 출발이다.

직장은 단순히 돈만 버는 곳에
그쳐서는 안되며 내가 보다 성숙하고
성장하는 곳이 되어야 한다.

2부

행복한 직장생활 비법 찾기

“

행복한 가정은 모두 비슷한 이유로 행복하지만

불행한 가정은 저마다의 이유로 불행하다.

”

- <안나 카레니나>, 레프 톨스토이 -

진정한 리더의 모습

리더는 가르치는 것이 아니라 보여준다. 아이가 자라면서 부모의 말에서 세상을 배우는 것이 아니라 부모의 뒷모습에서 배운다. 가정에서 스승이 부모라면 직장에서 스승은 상사다. 스승, 즉 리더에게서 이론으로 배우는 것이 아니라 행동에서 배운다.

리더십에 관한 책들을 읽다 보면 역사상 수많은 위대한 리더들의 사례가 소개되어 있다. 리더로서 갖추고 있는 위대함과 특징들을 나열하고 있다. 뛰어난 인재를 발탁해서 활용하는 용인술用人術이 탁월했고, 어려운 결정의 순간 과감한 결단력이 있었다. 부하들을 이끄는 카리스마와 통솔력이 있었다. 부하들과 공감하고 소통하는 능력이 뛰어났다.

그동안 리더십에 관한 많은 이론이 제시되어왔다. 카리스마 리더십charismatic leadership, 변혁적 리더십transformational leadership, 서번트 리더십servant leadership 등이다. 저마다 효과적인 리더십 이론이라고 주장하였다.

그러나 어떠한 리더십 유형도 리더십의 모든 것을 설명하지 못했다. 모든 이론이 나름대로 장단점과 한계가 있음도 많은 연구에서 증명되고 있다. 리더십이 발휘되는 조직의 크기, 처해 있는 상황 등이 다르기 때문이다. 어떠한 리더십 유형이 가장 좋다고 확정적으로 말하기 어렵다.

국가를 경영하는 리더, 군대를 이끄는 리더, 기업을 이끄는 리더가 서로 다르다. 조직이 평화롭고 안정된 상황인지, 전시상황처럼 위급하고 한 치 앞을 알 수 없는 혼란한 시기인 지에 따라서도 어떠한 리더십이 가장 좋은 리더십인지 다르다.

나는 기업에서 오래 근무하였다. 기업의 입장에서 가장 성공적인 리더가 되기 위한 조건들이 무엇인지 나름의 평소 생각을 몇 가지 정리해 본다.

첫째, 성공적인 리더는 조직에 명확한 비전과 목표를 제시한다. 기업을 경영하는 것은 하루하루가 전쟁의 연속과도 같다. 회사 외적으로 시시각각 세계적으로 유가, 원자재값이 등락을 거듭하고, 환율, 금리, 주식 등 금융시장이 요동친다. 시장에서는 경쟁사들과 피를 말리는 영토싸움을 해야 하고, 앞으로 어떤 새로운 트렌드가 올 것인지 늘 촉각을 곤두세우고 정보 수집을 한다. 기업 내적으로 회사의 수익구조가 어떻게 되는지, 신제품 출시를 위한 연구개발이 잘되고 있는지, 생산과 납기에는 문제가 없는지도 살펴야 한다.

뿐만 아니라 우수한 인재들을 확보하여야 하고, 노동조합과 안정적인 노사관계도 유지하여야 한다. 복합적인 상황에서 리더는 회사가 나아가야 할 뚜렷한 비전과 목표를 제시해 구성원들이 공동의 목표를 향해 하나로 힘을 모을 수 있도록 하여야 한다. 비전과 목표는 망망대해나 끝없는 사막에서 길을 안내하는 나침반과 같다. 나침반이 없거나, 설령 있다 하더라도 제대로 작동하지 않는 상황을 상상해 보라. 명확한 비전과 목표를 제시하는 것은 리더가 해야 할 기본이자 중요한 역할이다.

둘째, 성공적인 리더는 구성원들이 신바람 나게 일하도록 해준다. 아무리 비전과 목표를 잘 세워도 그것을 실행하지 않으면 공염불에 불과하다. 결국, 실행은 구성원들이 하는 것이다. 리더는 구성원의 생각과 마음에 변화를 일으키게 하고 행동으로 실천하도록 하여야 한다. 개인별로 적절한 목표를 부여하고, 중간중간 잘 진행되고 있는지 점검하고 피드백해 줘야 한다. 또한, 각자의 임무와 직위에 합당한 권한을 위임하고, 권한 내에서 책임감을 갖고 소신있게 일할 수 있도록 하여야 한다. 조직 간, 구성원 간 갈등이 있으면 조정하고 해결도 해야 한다.

또한, 일을 잘하는 조직과 개인에게는 적절한 보상을 하고, 조직에 해를 끼치는 개인에게는 엄정한 벌과 채찍을 들어야 한다. 공정한 신상필벌은 잘하는 사람에게는 더 잘하게 하고, 못하는 사람에게는 더 분발하게 한다. 진정한 고수의 리더는 자신이 모든 일을 다 하는 만능인이 아니라, 부하들을 통해 일을 잘하도록 하는 사람이다.

셋째, 성공적인 리더는 팔로워와 함께 성장한다. 어떤 조직이든 어제보다는 오늘이, 오늘보다는 내일이 더 나아야 발전하는 법이다. 한 국가나, 기업이나, 가정이나 다 같다. 스승보다 나은 제자를 가리켜 청출어람靑出於藍이라 한다. 스승이 자신이 가르친 제자가 자신의 학문 세계를 뛰어넘으면 얼마나 흐뭇하겠는가. 한 집안에서 아버지보다 아들이, 아들보다 손자가 더 나아야 집안이 흥한다. 자기 부하가 더 뛰어나거나 더 나은 성과를 내면 시기하거나, 심지어 자신의 자리를 위협하는 인물로 생각하여 경계하고, 부하의 공을 가로채는 경우도 있다. 조직이 발전할 수 없는 부정적인 요소다.

물론 반대로 팔로워도 리더를 자신이 성장하는데 걸림돌로 인식하거나 무시하는 자세로 대해서는 안 된다. 리더는 팔로워의 성장을 위해 자신의 경험과 지식을 잘 전수해 주고, 팔로워는 리더를 잘 보좌하여 서로 존중할 때 함께 성장할 수 있다. 리더와 팔로워의 상생 관계는 바람직한 관계며 누구나 선망하는 관계다.

마지막으로, 성공적인 리더는 도덕성과 윤리의식이 높다. 조직에서 잘 나가던 사람이 하루아침에 추락하는 경우를 많이 본다. 대부분이 일을 잘 못 하거나 무능하기보다 대개 사회적으로, 도덕적으로 지탄을 받는 행위가 드러나는 경우이다. 특히 지위가 높거나 명망이 있는 사람일수록 조직에서 매장되거나, 어렵게 쌓아 온 명성에 치명적인 타격을 입고 영영 재기하지 못하기도 한다. 성공하는 리더들은 스스로 자기 자신에게 높은 윤리적, 도덕적 잣대를 적용한다. 조금은 고지식하다는 말을 들을 만큼 책잡히거나 비난이 될 만한 행동은 하지 않는 것이 몸과 사고에 배어 있다.

단연히 공公과 사私를 명확히 구분하여 행동한다. 자신의 지위를 이용하여 사적 이익을 취하지 않으며, 외부의 청탁도 조직의 이익이나 원칙에 부합하지 않으면 확실히 거절할 줄 안다.

'끝이 좋으면 다 좋아All's Well That Ends Well' 라는 세익스피어의 희곡작품이 있다. 마지막 뒷모습이 아름다운 리더가 진짜 훌륭한 리더이다. 진정한 리더는 무너진 것을 다시 일으켜 세운다. 실패가 경험이라고 가르친다. 그리고 몸소 행동으로 보여준다.

좋은 팔로워가 훌륭한 리더가 된다

누구나 성공적인 리더가 되기를 꿈꾼다. 그러나 그런 리더는 결코 저절로 되지도, 하루아침에 만들어지지도 않는다. 모든 리더는 팔로워의 과정을 거친다. 이 세상에 팔로워를 거치지 않은 리더는 없다. 좋은 팔로워가 성장해서 좋은 리더가 되는 것이다.

팔로워에도 여러가지 유형이 있다. 대표적으로 로버트 켈리Robert Kelley가 제시한 사고思考:thinking와 행동行動:behavior을 기준으로 한 다섯 가지의 유형이다. 첫 번째 유형은 수동형Passive 팔로워로 순한 양처럼 리더가 시키는 대로 아무 생각 없이 순종하는 형이다. 두 번째 유형은 순응형Conformist 팔로워로 리더의 생각이라면 무조건 옳다고 하는 예스맨yes man 타입이다. 셋째 유형은 소외형Alienated으로 리더의 의견에 냉소적이고 비판만 하고 실제 행동은 하지 않는 타입이다. 네 번째 유형은 실용형Pragmatic 팔로워로 가만히 상황을 지켜보고 있다가 다 정리된 후에 나타나는 유형이라고 할 수 있다. 다섯 번째 유형은 모범형Exemplary 팔로워로 리더에게 비판적인 의견을 제시하면서도 건설적이고 적극적으로 역할을 해내는 유형이다.

어떻게 하면 모범적인 훌륭한 팔로워가 될 수 있을까? 사실 하나의 답이 있는 것은 아니다. 단 한 문장으로 정의한다는 것은 더더욱 불가능하다. 오랫동안 직장생활을 하면서 내 나름대로 훌륭한 팔로워에 대한 몇 가지 생각을 정리해 보고자 한다.

먼저 훌륭한 팔로워는 리더를 적극적으로 지지한다. 리더와 팔로워의 관계는 기본적으로 상하관계이기 때문에 이는 숙명이다. 사실 리더는 외롭다. 그래서 리더도 옆에 자기편이 되어 주는 사람이 있으면 큰 힘이 난다. 리더도 사람인지라 결국 자기를 따르는 사람들의 지지와 성원에 힘입어 더 열심히 일할 수 있다. IMF 외환위기 때 '아빠 힘내세요' 라는 동요가 큰 인기를 얻은 적이 있다. 당시 많은 직장인이 구조조정의 파고 속에서 직장을 잃고 거리로 내몰렸다. 한 가정의 가장들이기도 한 그들이 실직의 아픔과 고달픈 일상을 마치고 집에 돌아왔을 때 어린 자녀들이 불러 준 이 노래가 큰 힘이 되었다. 그래도 그 힘든 시기에 힘을 내게 해준 것은 가족과 자녀들의 응원이었다. 고래를 춤추게 하는 것은 상사의 부하에 대한 칭찬뿐만 아니라 부하의 상사에 대한 칭찬에서도 적용된다.

다음으로 훌륭한 팔로워는 자신의 역할과 권한의 범위를 잘 알고 처신한다. 회사에서는 매일매일이 의사결정의 연속이다. 의사결정 중간과정에서는 얼마든지 다른 의견을 낼 수 있지만, 일단 한번 정해지면 따라야 한다. 그렇지 않고 이미 정해진 결정 사항에 대해 팔로워가 자의적으로 판단하여 행동한다면 그 조직은 제대로 굴러갈 수 없다. 아무리 작은 조직이라도 리더와 팔로워는 각각 나름의 지켜야 할 금도襟度, 즉 넘지 말아야 할 선이 있는 법이다. 특히 상사의 최후의 보루인 자존심과 권위를 침해하는 것은 매우 주의하고 삼가야 한다. 군사를 이끄는 능력 면에서 탁월했고, 수많은 전투에서 승리하며 유방의 한나라 건국에 결정적 기여를 한 한신이지만 결국 토사구팽兎死狗烹 당했다. 많은 역사가들이 이에 유방의 비정함을 이야기하기도 하지만, 한편으로는 한신의 오만함도 지적한다는 점을 알아야 한다.

또한 훌륭한 팔로워는 비판적 의식을 가지고 있다. 훌륭한 팔로워는 리더를 지지하고 따르되 맹목적으로 추종하지만은 않는다. 리더가 하는 말이라면 앞뒤 가리지 않고 무조건 '예Yes' 라고 만 하지 않는다. 때론 아닌 것은 과감히 '아니오No' 라고 얘기한다. 리더라고 항상 옳은 결정을 하는 것은 아니며, 모든 것을 다 아는 전지

전능하지도 않다. 리더의 부족한 것을 메워주고, 잘못된 선택을 하지 않도록 충언하고 조언해 주는 것도 팔로워의 중요한 역할이다. 특히 리더가 조직을 위해 잘못된 결정을 하거나, 비도덕적인 행위를 하는 경우에는 더욱 그렇다. 율곡 이이는 '만언봉사萬言封事'를 비롯해 선조에게 수많은 상소를 올리면서 직언하였다. 만일 선조가 율곡의 간언을 받아들였다면 임진왜란을 미연에 막았거나 대비를 하였을지도 모른다. 바른말은 귀에 거슬리는 법이다. 그러나 그런 말을 할 줄 알고, 또 그런 말을 들어줄 줄 아는 리더와 팔로워의 관계야말로 최고의 관계라고 할 수 있다.

마지막으로 훌륭한 팔로워는 대안 제시자이다. 어떠한 일이건 비판하고 비난하기는 쉽다. 그러나 다른 방안을 제시하는 것은 쉽지 않다. 왜냐하면 대안을 제시하기 위해서는 대안에 대한 확신과 함께, 결과에 대한 책임도 지겠다는 용기가 필요하기 때문이다. 그래서 대부분 일의 결과가 좋으면 가만히 있지만, 혹시 나쁜 결과가 나올 때에는 '내 그럴 줄 알았어' 라고 남의 얘기하듯 하곤 한다. 대안을 제시하는 팔로워는 리더와 공동의 책임의식을 가진다. 성공과 실패 모두 리더와 책임을 함께 지겠다는 자세를 가지고 있다. 결코 공功은 나의 것으로, 과過는 리더에게 전가하지 않는다.

훌륭한 리더가 된다는 것이 말처럼 쉽지는 않다. 그러나 훌륭한 팔로워는 훌륭한 리더가 되기 위해 반드시 거쳐야 하는 통과의례와도 같다. 현실에 안주하지 않고 미래에 리더가 되고자 하는 사람들은 먼저 훌륭한 팔로워가 되기 위한 노력을 게을리하지 말아야 한다. 아리스토텔레스는 '남을 따르는 법을 모르는 자는 좋은 지도자가 될 수 없다' 라고 했다고 한다. 가장 나쁜 팔로워는 아무것도 하지 않는 사람인지도 모른다.

리더와 팔로워의 아름다운 공존

리더가 있고 팔로워가 있다. 리더와 팔로워는 공존 관계다. 어떤 형태의 조직에서도 리더만 있거나, 팔로워만 있는 조직은 존재하지 않는다. 모두 리더가 되기를 원하거나, 반대로 모두 팔로워가 되길 원한다면 그 조직은 어떻게 될까. 배에 비유하자면 사공이 많아 배가 산으로 가거나, 혹은 망망대해에서 목적지와 방향을 잃고 표류하고 있을 것이 분명하다.

리더십leadership에 대한 정의는 많다. 리더십에 관한 정의는 리더십을 연구한 학자의 수만큼 다양하다고 한다. 그 많은 정의를 간단히 정리하면 리더십이란 '조직의 목표와 비전을 정하고 이를 달성하기 위해 구성원들을 움직이도록 영향력을 행사하는 과정' 이라고 할 수 있다. 여기서 핵심 단어는 '영향력' 이다. 어떤 조직에서 직책이나 직위와 관계없이 사람들에게 영향력을 미치고 변화를 이끌게 하는 모든 활동이 리더십의 범주에 속한다.

리더십의 중요성은 아무리 강조해도 지나치지 않다. 인류역사상 국가나 기업들의 흥망성쇠 속에서 수없이 많은 사례를 통해 확인할 수 있다. 어떤 시대에 어떤 리더가 있었느냐에 따라 한 국가의 운명이 갈리곤 하였다. 로마제국의 율리시스 카이사르, 미국의 링컨, 영국의 처칠, 중국의 유방, 한국의 세종대왕, 이순신이 그러했다. 기업도 마찬가지다. 아마존, 구글, 애플, 마이크로소프트와 같은 세계적 기업은 물론 삼성, 현대 등 한국의 기업들이 오늘의 성공을 얻기까지 기업마다 최고경영자의 남다른 리더십이 있었기에 가능했다. 리더십에 관한 많은 책은 이들 훌륭한 리더들은 어떤 특징을 갖고 있는지를 분석하여 설명하고 있다.

팔로워십followership은 리더십의 상대적인 개념이며, 리더십에 비해 비교적 최근에 나온 개념이라고 할 수 있다. 팔로워십에 대한 많은 정의가 있지만, 미국의 경영학자 로버트 켈리Robert Kelly는 '리더와 함께 조직의 목표를 달성하기 위해 비판적인 사고와 능동적인 참여로 과업을 수행하는 과정' 이라 정의했다. 역사적으로 훌륭한 리더에게 뛰어난 팔로워가 있었다. 항우와 천하 쟁패를 다투다 마침내 승리해 한漢나라를 건국한 유방에게는 장량, 한신, 소하라는 걸출한 팔로워가 있었다. 세종대왕은 집현전의 학사들을 비롯한 뛰어난 신하들이 있었다. 이로 인해 세종은 한국 역사상 최고의 성군이 될 수 있었다.

리더십과 팔로워십은 서로 떼려야 뗄 수 없는 관계이다. 팔로워 없는 리더, 리더 없는 팔로워는 없다. 리더와 팔로워는 동전의 양면과 같다. 손바닥도 부딪쳐야 소리가 나듯 리더와 팔로워가 서로 협력할 때 최고의 힘을 발휘한다. 지금보다 훨씬 간단하고 단순했던 과거의 국가나 조직시스템에서는 팔로워보다는 리더의 역할이 훨씬 컸다. 그러나 오늘날과 같이 과거와 비교해 점점 더 복잡해지고 분화되는 시스템 속에서는 리더의 역할뿐만 아니라 팔로워의 역할이 더욱더 커지고 있다. 로버트 켈리는 저서 〈The Power of Followership〉에서 "조직의 성공에 있어 리더가 기여하는 바는 20% 정도에 불과하고, 나머지 80%는 팔로워들의 기여에 의한 것이다."라고 주장하였다.

모든 사람은 조직에서 리더이자 팔로워이다. 어느 누구도 리더이기만 하고 팔로워이기만 한 경우는 존재하지 않는다. 최소한 동창회, 취미동아리 같은 사적 모임에서라도 리더 역할을 할 가능성이 있다. 그것도 아니라면 결혼을 한 경우 한 가정에서 가장이라는 리더의 역할을 하고 있을 것이다. 회사에서 신입사원이고, 팀원이고, 임원이 아니기 때문에 리더가 아니고, 리더십과 무관하다고 할 수 없다.

리더의 자리에 있는 사람도 어느 날 갑자기 리더가 된 것이 아니다. 대부분 오랜 기간 팔로워의 과정을 거치면서 선택되어 지금의 자리에 오른 사람들이다. 팔로워의 자리에 있는 사람도 언젠가는 리더의 위치에 설 수 있다는 것을 잊지 말아야 한다.

훌륭한 리더는 훌륭한 팔로워였을 가능성이 높다. 팔로워 시절 리더가 리더 역할을 잘하도록 훌륭하게 팔로워 역할을 한 경험이 있기 때문이다. 좋은 팔로워의 경험은 후에 리더가 되었을 때 누구보다 팔로워의 심리와 어려움을 잘 이해하고 리드해 갈 수 있다. 반대로 팔로워의 역할을 제대로 해 보지 않고 한 조직의 리더가 된 사람들은 좋은 리더가 될 확률이 높지 않다. 장차 훌륭한 리더가 되려한다면 팔로워 시절 팔로워 역할을 제대로 잘하는 것이 중요하다. 그래서 팔로워 시절은 리더가 되기 전 리더십을 개발하고 향상시킬 수 있는 더할 나위 없이 좋은 기회라고 할 수 있다.

우리 모두는 리더이자 팔로워이다. 리더와 팔로워는 각자의 역할이 있다. 리더와 팔로워의 관계를 동계올림픽 경기 종목 중 하나인 봅슬레이에 비유하여 설명하기도 한다. 4인승 봅슬레이는 파일럿, 푸시맨, 브레이크맨으로 구성되어 있다. 먼저 파일럿은 가장 먼저 탑승하여 조종키를 담당한다. 중간에 자리한 두 명의 푸시맨은 출발할 때 썰매를 힘차게 밀고 나가 초반에 속도를 올리는 역할을 하고, 맨 마지막에 타는 브레이크맨은 결승선 통과 후 썰매가 멈추도록 제동을 거는 역할을 한다. 경주 코스를 숙지하고 썰매의 방향을 이끄는 것은 파일럿이지만, 경주 초반 썰매의 가속도를 내도록 하는 것은 푸시맨이, 최고시속 150킬로미터에 달하는 썰매가 적절한 타이밍에 안전하게 결승선에서 멈추도록 하는 것은 브레이크맨이다. 결국, 봅슬레이 경기에서 4명의 선수가 얼마나 자기 역할을 제대로 잘하느냐가 기록 단축의 핵심이다.

리더와 팔로워는 공존하는 관계이자 상호보완적인 관계이다. '훌륭한 장수 밑에 졸자 없다' 라는 말이 있다. 훌륭한 리더를 보면 그 옆에는 반드시 뛰어난 팔로워가 있다. 역으로 뛰어난 팔로워는 훌륭한 리더가 있어 가능하다. 결코, 혼자만의 힘만으로 이루어지지 않는다.

박삼열 저著 〈따르는 사람, 이끄는 사람〉을 보면 리더와 팔로워의 '상호작용' 을 강조한다. 상호작용의 과정과 결과를 통해 리더 자신도 발전하고, 팔로워도 성장할 수 있으며 조직의 성과 또한 이뤄낼 수 있다.

제대로 잘 굴러가는 조직의 가장 큰 특징은 무엇일까. 리더는 리더대로, 팔로워는 팔로워대로 각자의 맡은 책임과 역할에 충실하다. 서로의 존재를 존중하고, 서로를 지지하고 협력한다. 수레의 앞뒤 바퀴의 관계처럼 서로를 밀어주고 당겨준다. 조직에서 팔로워, 리더의 역할을 제대로 해 보는 것, 아마 모든 사람의 희망이자 꿈이 아닐까. 그러고 보면 리더와 팔로워의 관계는 자전거를 닮았다. 자전거의 앞바퀴와 뒷바퀴가 같은 속도로 돌아야 하듯 리더와 팔로워의 관계는 한 방향으로 달려가는 두 바퀴를 가진 자전거와 같다. 리더와 팔로워의 아름다운 공존을 꿈꾼다.

다름으로 서로를 빛나게 하는 조직

성격검사 중 하나인 MBTIMyers-Briggs Type Indicators 검사를 처음 만든 사람은 미국의 브릭스Briggs와 마이어스Myers다. 두 사람은 모녀 관계다. 모녀의 이름 첫 글자를 딴 성격유형 검사다. 정신분석학자 칼 융Carl Jung의 심리유형 이론을 근거로 만들었다. 내향성Introversion 또는 외향성Extroversion, 직관Intuition 또는 감각Sensing, 사고Thinking 또는 느낌Feeling 판단Judging 또는 인식Perceiving의 네 가지 척도로 성격을 분류했다. 조합하면 총 16개의 성격유형이 만들어진다.

이 성격유형 검사의 신뢰도에 대해서는 논란이 많은 것도 사실이다. 미국의 심리학자 로버트 호건Robert Horgan은 '포춘 쿠키와 다름

없다' 라고 호되게 비판하였다. 중국 음식점에서 후식으로 주는 과자인 포춘 쿠키fortune cookie에 빗댄 것이다. 이 과자 속에는 점괘가 적혀 있는 종이쪽지가 들어있다. MBTI 검사 결과는 우연에 기반을 둔 포춘 쿠키와 별반 다를 바 없다고 보았다.

많은 논란에도 불구하고 MBTI 검사는 오늘날 가장 폭넓게 사용되는 성격유형 검사 중 하나로 자리매김하고 있다. 우리나라에서 직장인들을 대상으로 한 교육에서 단골 교육 프로그램 가운데 하나로 많이 실시하고 있다. 최근에는 이른바 MZ 세대라고 하는 젊은 층에서 자기에게 맞는 연애나 결혼 상대자의 성격유형을 이 검사를 통해 서로 확인하는 등 하나의 놀이문화로까지 자리 잡고 있다고 한다. 이 검사가 각광을 받는 이유는 비교적 간단한 검사로 성격을 파악할 수 있다는 점 때문이 아닌가 싶다. 4가지의 혈액형을 가지고 사람들의 성격을 구분하는 것에 비하면, 이 검사는 무려 16가지나 되는 성격유형을 제시하니 상당히 진일보한 검사로 인식되는 것도 무리가 아니다.

내가 다니는 회사 직원 200여 명을 대상으로 MBTI 검사를 시행한 적이 있다. 검사 결과 일부 두드러지게 나타난 성격유형들도 있었다. 그러나 신기하게도 16개의 성격유형 가운데 하나도 빠지지 않고 모든 성격유형이 나타났다. 새삼 흥미로웠다. 검사의 과학적 타당도나 신뢰도를 떠나 사람들은 모두 제각각의 성격을 가지고 있고, 서로 다르다는 사실을 새삼 느낄 수 있었다.

흔히 서로 이질적인 사람들로 구성되어 있지만, 조화와 화합을 잘 이루고 있는 조직을 비빔밥에 비유하곤 한다. 비빔밥은 다양한 채소, 고기, 고추장 등을 함께 섞어 만드는 우리나라의 대표적인 고유 음식이다. 비빔밥은 각기 다른 색깔, 맛을 가진 재료들을 한데 버무려 새로운 조화의 맛을 만들어 낸다. 뭐니뭐니 해도 비빔밥의 가장 큰 특징은 재료 각각의 고유한 색깔과 맛을 잃지 않으면서 새로운 맛을 만들어낸다는 데 있다. 비빔밥의 상징성은 가끔 대통령이 여야 대표들을 초청해 식사를 할 때 비빔밥을 메뉴로 하는데서도 나타난다.

이어령 전 문화부 장관은 비빔밥을 가리켜 저서 〈디지로그〉에서 '맛의 교향곡' 이라고 예찬하며 나와 다른 이질적인 것과의 조화라고 했다.

반대로 서로 화합과 조화가 되지 않는 조직을 서로 섞이지 않는 따로국밥에 비유하곤 한다. '따로국밥' 조직과 '비빔밥' 조직은 어떠한 차이가 있을까.

따로국밥 조직은 개인이 먼저다. 개인 이기주의가 팽배해 있다. 조직이야 어떻게 되든 나의 이익만 챙기면 그만이다. 자기가 몸담고 있는 조직을 밖에 나가 스스럼없이 욕을 하고 다닌다. 심지어 자신의 행동이 자기 얼굴에 침 뱉기라는 사실도 인식하지 못한다. 따로국밥 조직은 동맥경화 증세처럼 구성원 간에 소통이라고는 찾으려야 찾을 수가 없다. 내가 아는 정보와 지식은 절대로 남에게 알려 주지도, 공유하지도 않는다. 칭찬에는 한없이 인색하면서 비난하는데 목청을 높인다. 오히려 남이 잘하면 시기심을 넘어 배가 아프기까지 하다. 서로가 서로의 얼굴을 보는 게 괴롭다. 그래서 따로국밥 조직에서는 일은 참을 만한데 사람 때문에 직장생활 하기 힘들다는 말을 입에 달고 다닌다.

이에 반해 비빔밥 조직에서는 조직이 먼저다. 나의 개인적인 이익보다는 조직의 이익을 먼저 생각하고 고려한다. 자기가 몸담고 있는 조직에 대해 밖에 나가 치부를 드러내지도, 함부로 욕하지도 않는다. 스스로 생각하여 마음에 들지 않는 면이 있더라도 적어도 남들에게는 말을 삼간다. 왜냐하면, 자신의 조직을 존중하지 않으면 남도 우리 조직을 낮추어 보고 업신여긴다는 사실을 잘 알기 때문이다.

비빔밥 조직에서는 구성원 간에 활발하게 소통한다. 내가 아는 정보, 지식을 서로 활발히 공유한다. 내가 아는 지식과 정보의 공유가 결코 나에게 손해가 아니라 더 많은 것을 배울 수 있는 기회가 된다는 것을 알기 때문이다. 상사, 동료, 부하가 잘하면 서로 칭찬해 주고 격려해 준다. 구성원 간 상대방의 부족한 점이 좀 있더라도 포용하고 감싸준다. 그래서 비빔밥 조직에서는 일은 비록 힘들지만, 같이 일하는 동료들이 좋아 하루하루가 일할 맛이 난다고 얘기한다.

최근 기업에서 다양성 관리Diversity Management가 경영의 중요한 화두로 부각되고 있다. 회사는 성격만 다양한 직원들로 구성되어 있는 것이 아니다. 남성과 여성이 있고, 젊은 직원부터 나이 든 직원까지 다양한 연령대가 함께 근무하고 있다. 특히 최근에는 MZ 세대라고 하는 젊은 직원들을 어떻게 대하고 관리해야 하느냐가 조직관리의 새로운 화두로 부상하였다. 신체적, 정신적 장애가 있는 사람들과도 함께 근무하기도 하고, 서로가 믿는 종교나 정치적 성향도 제각각이다. 외국계 기업이거나 외국인 근로자를 많이 고용하는 회사라면 인종, 언어, 문화도 다양하다.

다양성은 양날의 칼날과도 같다. 잘 관리하면 조직에 활력을 불어넣고 시너지 효과가 나타나지만, 잘못 관리하면 갈등과 불화의 원인이 된다. 다양성을 어떻게 조화롭게 하느냐가 다양성 관리의 핵심이다. 출발은 서로의 다름을 인정하는 것이다. 나와 다른 것이 틀린 것이 아니며, 다만 나와 다르다는 사실을 알고 서로의 존재와 생각을 존중하는 것이다. 특히, 소수집단에 대한 존중과 배려가 중요하다. 남성이 지배적인 조직에서 여성에 대해, 나이 많은 사람들이 중심인 조직에서 젊은 사람에 대한 존중과 배려의 정책이 필요하다.

다양성 관리와 비빔밥 조직은 전혀 별개가 아니다. 밀접한 관계가 있다. 성격, 성별, 나이, 인종, 종교, 문화 등 각기 다른 사람들을 조화롭게 만드는 것과 다양한 음식재료를 섞어 맛있는 비빔밥을 만드는 것은 기본 원리에서 똑같다. 비빔밥은 다른 재료가 만나 고운 빛깔의 꽃으로 피어난다. 다름으로 서로를 빛나게 하는 위대한 조직이 비빔밥 조직이다.

일에도 머리가 있다

일에도 머리가 있다. 그것이 일머리다. 주어진 일을 기한 내에 깔끔하게 일 처리를 잘하는 사람들을 일러 흔히 '일머리가 있다' 혹은 '일머리가 좋다' 고 한다. 일머리는 일을 하는 방법, 노하우 또는 요령이라고 할 수 있다. 직장인들이 받는 급여는 일에 대한 대가다. 따라서 직장인에게 중요한 것은 뭐니 뭐니 해도 일을 잘하는 것이다. 일머리가 좋은 것이 직장인에게 큰 무기다. 경쟁력의 원천이다.

회사에서는 매년, 혹은 반기별로 직원들을 평가하여 승진, 급여 인상에 반영한다. 인사평가를 할 때 주요한 요소가 무엇일까. 인사평가 시 성격, 인품은 중요하지 않다. 다른 사람들과 잘 어울리는 사교성이 회사생활을 하는데 필요한 요소지만 중요한 요소는 아니다. 인사평가의 가장 중요한 요소는 주어진 목표를 얼마나 달성하였는가, 즉 업무에 대한 성과다. 결국은 직장에서 사람을 평가하는 가장 중요한 잣대는 일을 잘하느냐 못하느냐가 핵심이다. 기업에서 착하고 어진 농사꾼을 고용하지 않는다. 바쁜 추수철에 연구하는 대학교수를 고용해 벼를 베지 않는다. 실제 그 일을 할 수 있는 업무능력이 중요하다.

일을 잘하는 사람은 인사평가에서 좋은 평가를 받는 것은 물론 인기가 많다. 상사, 부하, 동료 가릴 것 없이 서로 다투어 이들과 일하고 싶어 한다. 능력과 인기를 겸비한 사람을 주목하고 함께 일하자고 제의해 온다. 반대로 본인이 다른 직무나 부서로 옮기고 싶어 하는 경우에는 지금 있는 부서에서 내놓으려고 하지 않는다. 왜 그럴까. 우선 일머리가 좋은 사람들은 일의 효율성이 높다. 일머리가 좋은 사람은 어떤 일을 해도 일을 정확하게 하고, 짧은 시간 안에 해낸다. 그런 사람과 일을 하면 일이 신이 나고, 재미가 있다. 무엇보다 서로가 서로에게 일로써 선한 영향을 미치고, 서로에게서 배울 것이 많다. 일을 잘하는 사람과 일을 하게 되면 서로 함께 성장할 수 있다.

일머리가 좋은 사람들은 몇 가지 공통점이 있다. 첫째, 나에게 주어진 일의 목적과 목표를 정확히 알고 일을 한다. 일의 핵심과 본질을 알고 한다. 어떻게 해야 일을 잘할 수 있는지 안다. 누구와 접

촉해야 하는지 안다. 어떤 정보가 필요한지 안다. 한마디로 일의 맥을 짚을 줄 알아 엉뚱한 길로 새지 않는다. 원하는 결과와 답을 내놓는다.

둘째, 일머리가 좋은 사람들은 주어진 시간 내에 일을 처리하려고 노력한다. 자기 일에 대한 책임감이 매우 강하다. 일이 지연되거나 마감을 넘기는 것을 극도로 싫어한다. 특히 협업이 필요하고 연속적인 일의 경우에 늘 나 자신의 뒤 공정을 염두에 둔다. 본인으로 인해 다음 사람이 곤란한 일을 당하는 일이 생길까 노심초사한다.

마지막으로, 일머리가 좋은 사람들의 특징 중 하나는 자기 일에 대한 남다른 열정이 있다. 주어진 일이니 어쩔 수 없이 그냥 하는 것이라고 생각하지 않는다. 아무리 사소한 일이라도 자기가 하는 일에 대해 스스로 의미를 부여한다. 심지어 자부심을 가지고 일을 한다. 건성건성 하는 것이 아니라 열과 성을 다해 자기가 할 수 있는 모든 노력을 쏟아붓는다.

어떻게 하면 일 잘하는 사람으로 인정받을 수 있을까. 첫째, 일의 우선순위를 잘 정해야 한다. 일에는 중요성과 시급성이 있다. 어떤 일은 중요하지만 시급하지 않은 일도 있고, 그다지 중요하지는 않지만 지금 당장 하지 않으면 안 되는 급한 일이 있다. 직장 생활을 하다 보면 일은 차례를 기다렸다 일어나지 않는다. 하루에도 여러 개의 새로운 일이 한꺼번에 생기는 경우가 허다하다. 일의 순서와 완급을 헤아려 우선순위를 정해 일을 해야 한다. 순서와 완급이 제대로 되지 않으면 일이 뒤죽박죽되기 십상이다. 그렇게 되면 결국 제대로 일을 마무리하지 못하는 상태로 남아있기 일쑤다.

두 번째, 일머리가 좋은 사람은 일의 중간중간에 피드백을 잘 한다. 일의 중간에 하는 피드백은 당초 목적에 맞는 일을 제대로 하고 있는지를 확인하는 네 있어 매우 중요하다. 일을 지시한 상사가 의도하는 목적에 부합하는 일을 하고 있는지 중간에 꼭 확인해야 한다. 그렇지 않고 일을 진행하다 보면 전혀 엉뚱한 결과가 나올 수 있다. 열심히는 했는데 도대체 뭘 했는지 모르게 된다. 피드백을 하면 좋은 또 다른 이유는 처음에 생각하지 못했던 새로운 아이디어가 떠오르거나 더 나은 의외의 방법을 찾는 경우도 있다.

세 번째, 나에게 할당된 시간, 마감 시간을 잘 준수해야 한다. 일에는 시간의 제약이 있다. 나의 업무를 끝마쳐야 다음 공정에서 다른 사람이 일을 할 수 있는 경우 시간을 지키는 것은 필수다. 마감이 다가오도록 늑장을 부리다가 막판에 허겁지겁 일을 처리하게 되면 반드시 사단이 일어난다. 미리미리 준비하여 시간의 여유가 있어야 내용을 재차 확인할 수 있고 일의 완성도가 높아진다.

네 번째, 일과 관련된 자료 및 지식의 획득이다. 일 잘하는 사람들의 특징은 하나를 하라고 지시하면 기대 이상의 둘, 셋의 일을 해낸다. 문제점을 분석하라는 업무지시를 받고 A는 문제점만 제시하였다. B는 문제점 분석에 그치지 않고 해결방안까지 제시하였다. 누가 더 일 잘하는 사람으로 평가받을지 자명하다. 일 잘하는 사람이 되기 위해 주어진 일과 관련된 정보나 지식은 물론, 평소 주변 지식과 정보를 획득하기 위해 부단한 노력과 자기계발을 해야 한다.

마지막으로 일 잘하는 사람은 다른 사람, 다른 부서와 협력을 잘한다. 직장에서 하는 일 가운데 나 혼자만 하는 일은 생각보다 많지 않다. 대부분의 일들이 여러 사람, 여러 부서와 서로 연결되고 관련되어 있는 일이 많다. 나 혼자 아무리 잘해도 다른 사람, 다른 부서와 상의도 하지 않고 독단적으로 일을 처리하면 제대로 원하는 결과를 낼 수 없다. 오히려 민폐가 되는 수가 많다. 심한 경우에는 처음부터 새로 해야 하는 경우도 비일비재하게 발생한다.

일머리가 좋은 사람은 타고났을까. 아니다. 학창시절 공부를 잘했던 이른바 '공부머리' 좋은 사람이 일머리가 좋은 것이 아닌 것과 마찬가지다. 일머리도 얼마든지 개발하고 향상시킬 수 있다. 가능하면 직장생활 초기에 제대로 일머리를 배우는 것이 중요하다. '세 살 버릇 여든까지 간다.' 라는 속담이 있다. 되도록 일찍 제대로 된 일머리 습관을 나의 것으로 체화하는 것이 중요하다. 어느 정도 직장생활을 한 이후에 일머리를 좋게 하는 것은 그만큼 어렵다. 먼저 내가 일하는 습관 방식을 정확하게 파악해야 한다. 파악된 나쁜 습관과 태도를 가능한 한 빨리 고쳐야 한다. 내 주위에 일 잘한다고 평가받는 사람을 나의 롤 모델로 삼는 것도 좋은 방법이다. 롤 모델의 습관과 행동을 주의 깊게 관찰하라. 나의 것과 비교하라. 그리고 부족한 점을 바꾸는 노력을 꾸준히 하라. 어느 순간 일 좀 하는 '일머리' 있는 사람으로 평가받는 나를 발견하는 날이 올 것이다.

“일머리도 얼마든지 개발하고 향상시킬 수 있다.”

해야 할 일과 하지 말아야 할 일 구분하기

출근하면 제일 먼저 그날 해야 할 일의 리스트To-Do List를 작성한다. 매일 해야 할 일을 적고, 일의 우선순위를 매긴다. 이처럼 일의 순서를 정하면 첫째, 그날 해야 할 일을 놓치지 않는다. 둘째, 업무별로 시간 배분을 할 수 있다. 셋째, 효과적으로 시간을 사용할 수 있는 장점이 있다.

일에는 해야 할 일이 있고 안 해도 그만인 일이 있다. 그런가 하면 절대 하지 말아야 하는 일도 있다. 제대로 일을 하는 사람들의 특징은 해야 할 일, 해도 그만 안 해도 그만인 일, 하지 말아야 할 일을 잘 구별한다. 그렇게 해야 일을 제대로 할 수 있고, 엉뚱한 일에 시간과 에너지를 허비하지 않을 수 있다는 것을 알기 때문이다.

의외로 정작 해야 하는 일들은 뒷전이면서 하지 말아야 하는 일들에 더 매달리는 사람들도 있다. 주로 의사결정이 독단적이고 자신의 과거 성공 스토리에 매몰되어 있는 사람들에게 나타난다. 다시 말해 '확증편향confirmation bias'을 가진 사람들이다. 이런 사람은 자신의 견해 또는 주장에 도움이 되는 정보만 선택적으로 취하고 자신이 믿고 싶지 않은 정보는 의도적으로 외면한다. 확증편향자의 또 나른 특징은 자기 생각이 늘 옳다고 생각한다. 다른 사람들의 생각이나 의견이 받아들여질 공간이 없다. 과거에 성공했던 것들에 대한 일종의 맹신이 있다. 전혀 다른 상황과 조건임에도 과거의 방식이 또 성공할 것으로 믿는다.

직급이 올라갈수록 해야 할 일과 하지 말아야 할 일을 보다 엄밀히 구별하여야 한다. 왜냐하면, 직급이 오를수록 의사결정을 해야 하는 일들이 중요해진다. 일의 결과가 미치는 영향도 더 커진다. 신입사원이나 낮은 직급의 직원들이 하는 일들은 대개 단순한 일들이 많다. 일의 결과가 미치는 영향도 크지 않은 경우가 많다. 그러나 회사의 대표나 임원이 내리는 결정의 파급효과는 상상 이상으로 클 수가 있다.

해야 할 일을 안 하는 것, 하지 말아야 할 일을 하는 것 둘 다 문제다. 굳이 비교하면 하지 말아야 할 일을 하는 것은 해야 할 일을 하지 않는 것보다 더 심각하다. 해야 할 일을 하지 않는 것은 다음에 다시 하면 되지만, 하지 말아야 할 일을 하면 되돌릴 수 없거나 어찌할 수 없는 지경에 이를 수 있다. 당뇨병이 있는 환자가 마땅히 해야 할 식이요법과 적절한 운동을 잘해야 하지만, 하지 말아야 할 지나친 당의 섭취나 음주의 폐해는 더 심각한 법이다.

직장 생활을 하면서 하지 말아야 할 대표적인 것이 법을 지키지 않는 것이다. 민주주의 법치국가라면 나라가 법에 의해 통치되듯이, 한 회사도 관련 법령이나 규칙의 틀 안에서 운영된다. 회사는 관련법에 따라 법인세, 소득세 등 각종 세금을 충실히 납부해야 한다. 또한, 근로기준법, 노동관계법 등 관련 법규도 준수해야 한다. 법령이 불합리한지 불공정한지는 다음의 문제다. 법을 가벼이 여기고 본인이 자의적으로 해석하여 마음대로 하는 것이 문제다. 본인의 문제로 그치면 다행이지만 자칫 회사 전체의 문제가 될 수 있다.

또 하나는 사회적 보편적인 규범에 위배되는 행위를 하여서는 안 된다. 도덕적으로 지탄받거나 비윤리적인 행위를 하는 행위는 특히 경계하여야 한다. 가끔 기업의 총수나 고위 임원들의 비위행위가 언론에 오르내린다. 이런 경우 위법한 일을 한 사람뿐만 아니라 회사의 이미지 실추에 엄청난 악영향을 미친다.

사람은 원래 완전하지 않다. 그래서 해야 할 일, 하지 말아야 할 일을 완벽하게 구분하기가 쉽지 않다. 그럼에도 최소한의 원칙과 기준은 지켜야 한다. 우선 내 생각만이 옳다는 아집과 독선을 버려야 한다. 과거의 성공사례에 취해 과거의 방식을 고집하여서도 안 된다. 다른 사람, 특히 그 분야의 전문가의 말에 귀 기울이고 수용하는 자세가 필요하다.

다음은 일을 시행하기 전에 한 번 더 생각하는 신중한 자세가 필요하다. 지금 하고 있는 일이 위법은 아닌지, 비도덕적이고 비윤리적인 행위는 아닌지 다시 한번 생각해 보아야 한다. 시행한 이후에 문제가 생기면 후회해도 이미 늦다.

해야 할 일의 리스트를 작성하고 실천하는 것 중요하다. 동시에 하지 말아야 할 일의 리스트Not To-Do List를 관리하는 것도 그에 못지않게 중요하다. 오늘부터 해야 할 일과 하지 말아야 할 일을 잘 구분하자. 일을 제대로 할 수 있도록!

"제대로 일을 하는 사람들의 특징은
해야 할 일, 해도 그만 안 해도 그만인 일,
하지 말아야 할 일을 잘 구별한다"

직장인의 말하기

'말 한마디로 천 냥 빚을 갚는다' 라는 우리 속담이 있다. 또 '입은 재앙이 들어오는 문이고, 혀는 제 몸을 베는 칼이다 口禍之門 舌身斬刀' 라는 말도 있다. 그만큼 말이 중요하고, 말을 할 때는 늘 조심해야 함을 경계하는 말이다.

그래서 예로부터 동 · 서양을 막론하고 말을 잘하는 것을 크게 중요시하였다. 서양에서는 고대 그리스 시대부터 말을 논리적으로 하고 효과적으로 설득하는 방법을 가르치는 수사학修辭學:rhetoric이 중요하게 여겨졌다. 이러한 전통으로 중세유럽의 대학에서는 수사학이 반드시 배워야 하는 필수 과목으로 가르쳐졌다. 그리스 도시국가에서 소피스트sophist들은 아고라Agora 광장에서 각종 분쟁에 의뢰인을 대신하여 변론을 해 주었는데, 배심원들은 더 설득력 있게 말하는 소피스트 앞에 돌멩이를 놓았다고 한다. 더 많은 돌멩이를 받은 쪽이 이겼으며, 이를 통해 이들은 많은 금전적 수입과 함께 영예도 얻었다고 한다.

동양에서도 사람을 평가하고 인재를 등용하는 판단의 기준으로 흔히 '신언서판身言書判' 이라고 하여 말 잘하는 능력을 높이 평가하였다. 중국의 춘추전국 시대는 그야말로 말 좀 한다는 당대의 내로라하는 유세가遊說家들의 전성기였다. 이들은 천하를 주유하며 제후들에게 나라를 경영하는 방법에 대한 자신들의 철학과 생각을 설파하였다. 전국시대 연나라 소진蘇秦과 진나라 장의張儀의 '합종연횡合縱連橫' 은 그 대표적인 예다. 우리나라에서도 고려 때 서희는 거란과의 외교적 담판을 통해 피 한 방울 흘리지 않고 강동6주를 차지한 바 있다.

어떻게 해야 말 잘하는 사람이 될 수 있을까? 아리스토텔레스는 그가 쓴 〈수사학〉에서 설득력 있게 말 잘하는 세 가지의 요소를 제시하였다. 그것은 에토스Ethos(인품 · 인격), 파토스Pathos(감성), 로고스Logos(이성)이며, 이 세 가지 요소를 적절하게 활용하는 것이 말의 설득력을 높일 수 있다고 하였다.

직장생활을 하다 보면 매일매일이 말의 연속이다. 각종 회의, 보고는 물론, 고객이나 납품업체와의 상담과 협상도 있다. 노동조합이 있는 회사라면 노동조합과 노사협의회, 임금, 단체협약 등에 대한 교섭도 진행하여야 한다. 이렇듯 말은 피하려고 해서 피해지는 것도 아니고, 직장인이라면 안 할 수 없는 숙명과도 같은 것이다. 말을 잘하기 위해서는 다음과 같은 몇 가지 사항을 잘 지켜야 한다고 생각한다.

첫째, 말은 정확해야 한다. 그래야 말하는 사람의 말과 듣는 사람의 말의 뜻이 일치된다. 만일 말하는 사람이 의도한 말의 의미와 듣는 사람이 이해한 말의 뜻이 서로 다르면 나중에 불필요한 오해나 분쟁이 생길 수 있다. 특히 비즈니스 세계에서는 각종 전문용어, 가격이나 수량과 관련한 숫자 등이 많이 사용되기 때문에 정확성이야말로 모든 말하기의 생명이다. 따라서 여러 가지로 해석될 수 있는 애매모호한 표현은 삼가하고, 말하는 사람과 듣는 사람이 똑같은 의미로 해석되는 정확한 언어를 사용하여야 한다.

둘째, 말은 간결해야 한다. 일반적으로 말이 많은 사람을 빅 마우스Big Mouth라고 한다. 이 말에는 말을 잘한다는 의미도 있지만, 일반적으로는 입이 가볍다는 부정적인 의미의 뉘앙스가 더 강하다. 회의나 회사 행사 시간에 일장 훈시의 장광설을 늘어놓는다면 누가 좋아하겠는가? 현란한 미사여구 보다는 꼭 필요하고 핵심적인 내용만 간결하게 하는 것이 말의 전달력을 높이는 방법이다. 말이 많다 보면 말실수도 나올 수 있고, 본래 하려고 했던 핵심에서 벗어나 두서없는 횡설수설이 되기도 쉽다.

셋째, 말은 솔직해야 한다. 한번 거짓말을 하게 되면 다음에 그

거짓말을 숨기거나 무마하기 위해 그럴듯한 다른 이유를 대게 된다. 이것이 반복되면 처음에는 아주 별것 아닌 사소한 거짓말이 점점 더 커져 종국에는 수습 불능의 상태에까지 이르게 될 수도 있다. 처음에는 듣는 사람이 불편해할까 봐 배려 차원에서 나의 본심이 아닌 말을 하고는, 나중에 사실은 그렇지 않다고 말하게 되면 말의 신뢰가 무너질 수 있다. 솔직하지 못함은 일관성에 치명적 영향을 비치고, 이는 인간관계의 근본적인 신뢰 문제로까지 이어질 수 있기 때문에 특히 주의하여야 한다.

마지막으로 말을 통해 나의 인격이 드러난다는 점을 깊이 인식하여야 한다. 이기주 작가는 〈말의 품격〉에서 "무심코 던진 말 한마디에 품격이 드러난다. 나만의 체취, 내가 지닌 고유한 인향은 내가 구사하는 말에서 뿜어져 나온다."라고 하였다. 어떤 사람과 짧은 시간, 단 몇 마디만 나눠보아도 그 사람의 지식, 인격, 생각 등 모든 것을 고스란히 알 수 있다. 그래서 말은 행동의 거울이요, 내면을 비추는 그릇이라고 했다. 이러한 이유로 김윤나 작가는 〈말 그릇〉에서 말 그릇을 넓히고 다듬는 노력을 해야 한다고 하였다.

모든 직장인이 말을 잘하는 사람이 되고 싶어 하지만 말처럼 쉽지 않은 것 같다. 아무렇지 않게 툭 던진 말이 남에게는 씻을 수 없는 상처와 아픔이 될 수 있다. 반대로 따뜻한 위로의 한마디가 누구에게는 용기와 힘을 얻게 되는 계기가 될 수도 있다. 〈강원국의 어른답게 말합니다〉를 보면 "말은 내가 하는 것이니 내 것이라고 착각해서는 안 된다. 내뱉은 순간, 그 말은 더 이상 내 것이 아니다. 그때부터 말의 소유권은 들은 사람에게 옮아간다. 이 엄연한 사실만 잘 받아들여도 말 잘하는 사람이 될 수 있다."고 쓰고 있다.

평생에 걸쳐 이뤄놓은 명성과 지위가 단 한마디의 말실수로 하루아침에 물거품이 되는 경우를 우리 주위에서 너무나 많이 본다. '말로 흥하는 자, 말로 망한다' 라고 했다. 정말 말 한마디의 무게가 얼마나 큰지 알 수 있다. 그래서 말은 참으로 신중에 신중을 기해야 한다.

성공 직장인으로 이끄는 글쓰기

세상의 말들을 모아 시인은 시를 만들고 깡패는 욕을 만든다. 세상의 말들을 어떤 사람은 흘려보내고, 어떤 사람은 정리해 글쓰기를 한다. 직장인들의 업무와 소통은 말하기와 글쓰기로 이루어진다. 이 두 가지를 얼마나 잘하느냐가 직장인으로서 성공하느냐, 그렇지 않으냐가 결정된다고 해도 과언이 아니다. 그런데 의외로 두 가지 모두 다 잘하는 사람은 생각처럼 많지 않다. 어떤 사람은 말은 잘하는데 글쓰기가 잘 안되고, 어떤 사람은 글쓰는 것은 잘하는 데 말하는 것은 잘못한다. 또한, 일반적으로 글쓰기를 말하기에 비해 덜 중요하게 생각하는 경향도 있다. 실제로도 직장인들의 스피치를 향상하기 위한 방법을 가르치는 교육프로그램들은 많이 있지만, 글쓰기를 잘하기 위한 교육은 상대적으로 적다.

직장인들의 하루 일과를 가만히 들여다보면 말하기보다 글쓰기 시간이 훨씬 길다. 당장 직장인들의 하루는 회사에 출근하여 이메일을 확인하고, 답을 하는 것으로 시작한다. 이뿐만이 아니다. 회사업무는 기안, 보고서, 기획서 등 각종 문서작성의 연속이다. 말로써 하는 업무보다 글로써 하는 업무가 훨씬 많은 비중을 차지한다. 특히 코로나19 이후 재택근무 등 언택트 업무환경이 일반화되면서 글을 통한 커뮤니케이션이 더욱 많아지고 중요하게 되었다.

글쓰기가 중요함에도 직장인들에게 글을 잘 쓰는 것은 여전히 어려운 과제다. 심지어 메일에 대한 아주 간단한 답변 한두 줄 쓰는 데도 어려움을 느낀다. 새로운 프로젝트에 대한 장문의 제안서나 보고서를 쓰려고 하면 어디서부터 어떻게 시작을 해야 할지 막막함을 느끼곤 한다. 직장인들이 글쓰기에 어려움을 느끼는 이유가 뭘까.

우선, 말은 한 번 듣고 지나간다. 기록에 남지 않아 부담이 적다. 글은 기록으로 남아 신중을 기하게 된다. 실수한 말은 시간이 흐르면 잊히기도 하고, 혹여 기억되는 말이라도 실수를 인정하고 바로잡을 수 있는 기회가 있다. 남겨진 글은 바로잡거나 되돌리기 어렵다. 고객과의 계약서, 노동조합과의 단체협약 등은 법적으로 구속력이 있어 더욱 그러하다. 다음으로 우리나라 사람들이 의외로 국어의 문법, 띄어쓰기, 맞춤법 등에 상당히 애로를 느낀다. 말하기는 크게 문제가 되지 않았던 국어가 글을 쓰는데 주저되고 자신감을 잃게 만든다.

어떻게 하면 글을 잘 쓸 수 있을까. 사실 정답은 없다. 글을 쓰는 것도 말을 하는 것과 크게 다르지는 않다. 전하고자 하는 핵심을 정확하고, 간결하게 쓰는 것이 핵심이다. 직장인들이 쓰는 것은 시나 소설과 같은 문학작품을 쓰는 것이 아니다. 비즈니스의 용도와 목적에 따라 상황에 맞게 상대방에게 자기 생각을 정확하게 전달하는 것이 목적이다. 경험에 의하면 대략 다음과 같은 원칙을 잘 따르고 주의를 한다면 나름 글을 좀 쓴다는 소리를 듣지 않을까 싶다.

글은 원칙적으로 두괄식으로 작성하는 것이 좋다. 모든 경우가 그런 것은 아니지만 대체로 결론과 핵심을 제일 먼저 작성하고 나머지를 후술하는 것이 좋다. 특히 수십 페이지에 달하는 보고서인 경우 제일 첫 페이지에 보고서의 요약이나 결론을 배치하는 것이 좋다. 보고서를 읽어보는 사람들은 우리가 일반적으로 생각하는 것만큼 처음부터 끝까지 꼼꼼하게 읽어줄 만큼 인내력이 크지 않다는 점을 명심해야 한다.

모든 글은 앞뒤가 논리적으로 맞아야 한다. 시와 같은 문학작품에서 처음과 끝이 서로 잘 이어지고 통하는 것을 수미상관首尾相關 혹은 수미상응首尾相應이라 하는데, 비즈니스 글쓰기에서도 마찬가지이다. 일관성과 논리성이야말로 글의 완성도를 좌우하는 가장 중요한 요소이다.

한글 맞춤법, 띄어쓰기 등 최소한의 국어 문법을 준수하도록 글을 써야 한다. 맞춤법이나 띄어쓰기를 적당히 해도될 것 같지만 글의 품격을 결정짓는 중요한 요소 중 하나다. 아무리 현란한 미사여구를 사용하고 논리적으로 잘 쓴 글이라도 기본적인 철자나 띄어쓰기에 오류가 발견되면 글 자체의 신뢰가 무너질 수 있다. 글을 쓰고 난 다음 조금은 귀찮은 과정이라고 해도 다시 한번 꼼꼼히 확인하고 수정하는 퇴고推敲의 과정을 반드시 거쳐야 한다.

어릴 때부터 글을 쓰는 것에 소질이 있거나 많이 써보지 않은 이상 처음부터 글을 잘 쓰는 사람은 없다. 말하기와는 달리 글쓰기는 시간 투자가 필수다. 강원국 작가는 〈강원국의 글쓰기〉에서 이렇게 적었다.

“글쓰기는 또한 고도의 정신 활동이다. 복합적 능력을 요구한다. 머릿속 어휘를 끄집어내면서 적절한 어휘를 찾는다. 문장을 쓴다. 논리적으로 문장을 연결한다. 전체 구상을 짠다. 핵심적인 메시지를 찾아 표현한다 … 한마디로 골치 아프다. 이 모든 작업을 동시에 진행해야 한다. 여기에 육체적인 피곤도 감수해야 한다. 어찌 글쓰기가 쉽겠는가.”

글을 잘 쓴다는 것이 하루아침에 되지 않는다. 부단한 자기 노력이 필요하다. 글을 잘 쓰는 요령을 터득하는 것도 필요하겠지만 보다 근본적인 것이 있다. 본인 업무와 관련한 깊은 지식과 함께 폭넓고 다양한 지식이 바탕이 되어야 한다. 좋은 글은 그냥 만들어지지 않는다. 글은 글을 쓴 사람이 아는 범위 이상을 넘어설 수 없다.

직장인에게 글쓰기는 더 이상 선택사항이 아닌 필요조건이자 충분조건이다. 가수는 노래로, 배우는 연기로 자신의 존재를 드러내듯 직장인들은 글쓰기로 나타낸다. 하기 싫으면 안 하고, 해도 되고 안 해도 되는 선택의 문제가 아니다. 글을 잘 쓴다는 것, 직장인으로서 성공으로 가는 큰 무기가 될 수 있다. 글에도 얼굴이 있다. 쓴 사람의 마음이 그대로 드러나는 얼굴이다.

사내정치의 명암

정치는 종합예술이다. 또한, 자신의 존재를 드러내는 고도의 행위다. 적대적인 경계에 꽃이 피게 하는 것이 정치다. 정치는 타협이고, 정치는 양보다. 내가 가지고 싶은 것을 상대가 선물하도록 만드는 것도 정치다. 나를 반대하는 사람을 내 편으로 만드는 것도 정치다. 인간관계에는 필연적으로 정치가 필요하다.

정치는 왠지 부정적이고 음습한 이미지가 먼저 떠오른다. 권모술수, 부정, 사기, 거짓말, 위선 등을 밥 먹듯 하는 정치인들의 모습을 많이 보아왔기 때문이다. 사람이 모여 있는 곳에는 정치가 반드시 존재한다. 아리스토텔레스가 얘기한 것처럼 인간은 사회적 동물이면서 동시에 정치적 동물이기도 하다. 혹자는 말한다. 회사에서 일만 잘하면 되지 왜 정치가 필요하냐고. 일만 잘하는 것도 힘든데 사내정치Office Politics까지 잘해야 한다고 하면 회사에 다니는 것이 정말 힘들어진다. 그러나 어쩌겠는가. 엄연히 사내정치는 존재하고, 실제 사내정치를 잘하는 사람들이 회사에서 잘 나가는 경우도 종종 목격한다.

사내정치는 왜 생길까. 원인은 회사가 가진 한정된 자원 때문이다. 회사에서 직위가 올라갈수록 자리는 한정되어 있다. 누군가는 승진하고, 누군가는 승진에서 누락될 수밖에 없다. 회사의 인건비는 한정되어 있다. 성과를 낸 사람과 아닌 사람을 구분하여 차별적인 보상을 할 수밖에 없다. 매년 인사평가를 한다. 평가를 통해 잘한 사람과 못한 사람의 평가등급을 차별하여 매길 수밖에 없다. 승진, 더 많은 보상, 더 좋은 평가라는 한정된 자원을 획득하기 위해 서로 경쟁하게 되고, 경쟁 과정에서 소위 정치가 작동한다.

또 하나의 원인은 본래 인간이 가진 끝없는 권력에의 의지와 욕망이다. 매슬로우Maslow의 욕구단계설에 따르면 인간은 기본적인 욕구가 만족 되면 상위 단계의 만족을 끝없이 추구한다. 직장에서 더 많은 연봉, 더 높은 직위를 위해 치열하게 경쟁한다. 직위가 올라갈수록 경쟁이 치열하다. 높이 올라갈수록 권력power의 힘이 얼마나 달콤하다는 것을 알기 때문이다.

많은 사람이 사내정치에 대해 '남이 하면 불륜, 내가 하면 로맨스' 라는 인식을 가지고 있다. 남이 사내정치를 잘하면 아부 잘하는 사람이고, 내가 하는 사내정치는 인간관계를 잘하는 사람으로 생각한다. 사실 아부와 사내정치는 보는 각도에 따라 달리 해석될 여지가 많다. 아부와 사내정치는 종이 한 장 차이다. 경계선도 모호하다.

사내정치는 일반적으로 부정적인 생각, 역기능을 많이 생각한다. 'A는 아부를 잘해서 이번 인사고과에서 S를 받았데', 'B는 든든한 백이 있는 누구의 줄이라서 실력은 부족한데도 승진했데' 등의 말이다. 실제로 직장 생활을 하다 보면 이런저런 이야기를 듣는다. 어느 조직이건 완벽한 조직은 없다. 이런 말이 너무나 다반사이고 일상적으로 널리 퍼져있는 조직이라면 분명 문제가 있다. 아부와 반칙이 판을 치고, 개인 간, 부서 간 높은 벽이 처져 의사소통을 가로막는다. 실력과 성과를 바탕으로 한 선의의 경쟁보다 나만 잘되면 그만이라는 생각에 남을 헐뜯고 비방한다. 남의 성과를 가로채 나의 성과로 둔갑시키기도 한다. 문제가 심각한 조직이다.

조직전문가들에 따르면 사내정치는 역기능만 있지 않다. 순기능도 있다. 이종훈 저著 〈사내정치의 기술〉에서 "사내정치는 일을 효율적으로 처리할 수 있도록 만드는 윤활유이자 굉장히 경제적인 방법"이라고 적고 있다.

실제 사내정치를 잘하는 사람들을 보면 자기와 다른 의견을 가진 상대방을 설득하고 자기의 의견을 지지하는 아군을 잘 만든다. 문제에 부딪혔을 때 누구의 도움을 받으면 되는지, 의사결정 과정에서 누가 가장 영향력이 큰 사람인지 맥을 잘 짚어내 문제를 쉽게 해결한다. 업무는 나 혼자만 잘해서 되는 일보다 남과 협업하고 도움을 받아야만 하는 일이 많다. 사내정치 능력을 갖추고 있다면 분명 업무 외적인 큰 강점이 아닐 수 없다.

사내정치의 역기능을 배제하고 순기능이 자리 잡기 위해서 무엇보다 공정한 조직문화가 자리 잡아야 한다. 제도적으로 역량과 성과에 기초한 공정한 인사제도가 정착되어야 함은 말할 필요도 없다. 아울러 직장 내 파벌, 특정인을 중심으로 한 사적 내부조직이 횡행하고, 정보를 독점하고 왜곡하는 것이 용납되지 않는 제도와 문화가 필요하다.

사내정치는 필요악이라고 할 수 있다. 사내정치는 엄연히 존재하는 현실 그 자체이다. 오직 실력만이 살길이고 사내정치는 공정하지 못한 처사라며 아예 눈감고 배척해서는 안 된다. 특히 직급이 올라갈수록 순기능적인 사내정치는 필요하다. 사내정치는 무조건 나쁜 것으로 생각하고 둔감한 상사와 일하는 부하들은 괴롭다. 남들보다 더 열심히 하였고, 옆 부서보다 더 성과를 냈음에도 자기 상사가 사내정치가 부족하여 제대로 평가받지 못하였다면 무능한 상사로 낙인 찍히기 십상이다.

그렇지만 우선순위가 바뀌어서는 안 된다. 사내정치가 어느 정도 필요하고 순기능도 있지만, 사내정치 위주가 되어서는 곤란하다. 윤활유와 양념에 그쳐야 한다. 실력이 안 되면서 오로지 아부,

줄서기와 같은 부정적 의미의 사내정치에 목메는 것은 매우 위험하다. 얼마 안 가 밑천이 드러나는 순간 한꺼번에 모든 것을 잃을 수 있다. 쇠심줄이라고 믿었던 줄이 썩은 동아줄일 수도 있다. 언제까지 나의 든든한 줄이 되어줄 것으로 믿었던 줄이 어느 순간 끊어지거나 사라질 수 있다.

특히 입사 초기 때부터 사내 실세, 학연, 지연을 쫓아 사내정치에 매달리는 것은 매우 위험하다. 먼저 실력과 역량을 쌓는 것이 우선이다. 실력이 뒷받침되지 않는 사내정치는 사상누각에 불과하고, 종국에는 큰 화禍가 될 수도 있음을 유념해야 한다.

예스맨과 노맨

긍정의 밭에 웃음이 핀다. 2008년 개봉된 〈예스맨〉이라는 영화가 있다. 짐 캐리가 주연한 영화 속의 대출회사 상담직원 칼 알렌은 매사에 'NO'를 입에 달고 산다. 그런 알렌이 친구의 권유로 한 프로그램에 가입하면서 모든 일에 'YES'를 하기로 서약한다. 이후 알렌의 인생은 완전히 바뀐다. 영화는 마법의 단어 'YES'가 얼마나 인생을 윤택하고 행복하게 해 주는지 보여준다.

긍정Yes이 부정No보다 인생을 살아가는데 더 좋다는 것은 우리는 경험으로 이미 알고 있다. 무엇보다 긍정적으로 생각하면 우선 내 마음부터 편안해진다. 어려운 일이 닥쳐도 '다 잘 될 거야' 라고 생각하고, 실패를 해도 '다음에 잘하면 되지' 라고 생각하면 마음이 편안해진다. 최근 심리학에서 긍정의 힘을 연구하는 긍정심리학 Positive Psychology이 각광을 받고 있는 것도 이러한 이유일 것이다.

직장 생활을 하면서도 긍정적인 사람과 부정적인 사람의 두 부류를 만날 수 있는데, 확실히 매사에 긍정적인 사람은 부정적인 사람에 비해 직장 생활을 더 잘하는 것이 확실해 보인다. 우선 긍정적인 사람은 일을 대하는 태도가 부정적인 사람과 다르다. 무슨 일이건 해 보려고 하는 적극성이 높다. 잘될 거라는 믿음이 강하기 때문에 일을 하면서 어려움이 닥쳐도 견디며 끝까지 추진하는 힘이 강하다. 그래서 상사들은 '노' 라고 하는 부하보다 '예스' 라고 하는 부하를 확실히 좋아한다.

긍정적인 요인에도 불구하고 우리 사회에는 예스맨에 대한 부정적인 인식도 많이 존재한다. 예스맨을 옳고 그름을 따지지 않고 상사의 말에 무조건 '예스' 라고 하는 사람, 즉 아부 잘하는 사람으로 생각하는 측면이 있다.

'노' 라고 하는 부하보다 '예스' 라고 말하는 부하를 좋아하는 것은 부하와 상사 간의 문제 이전에 모든 인간관계에서 통용되는 인지상정이기도 하다. 자기 말에 꼬박꼬박 반대하는 사람을 누가 좋아하겠는가. 특히 사회적으로 성공했다고 하는 사람들 중에 예스맨을 좋아하는 사람들이 의외로 많다. 이런 사람들은 자기 자신이 누구보다 똑똑하다는 엘리트 의식에 사로잡혀 있는 경우가 많다.

그래서 누가 자신과 다르거나 반대의 의견을 내면 자기에 대한 도전이라고 생각하는 경향이 있다.

무조건 '예스' 만을 외치는 예스맨을 경계해야 한다는 의견도 많다. 역사적으로 리더가 예스맨에 둘러싸여 올바른 결정을 못 해 조직을 어려움에 빠뜨린 경우가 무수히 많다. 일반적으로 예스맨들은 국가와 조직을 위하는 마음보다 자신의 이익을 위한 마음이 앞서 있다. 리더가 이것을 제대로 파악하지 못하고 잘못된 의사결정을 한다면 큰 문제가 생길 수 있다.

무조건 '예스' 라고 하는 반대편에는 무조건 '노' 라고 하는 노맨도 있다. 상대의 말을 제대로 들어보지도 않고, 앞뒤 가리지 않고 무조건 '노' 라고 하는 닥치고 '노' 만을 외치는 사람이다.

무조건 예스맨도 그렇지만 무조건 노맨도 조직에 매우 부정적인 영향을 미친다. 아니 더 심각할 수도 있다. 극단적인 노맨들이 조직에 많으면 단 한 발자국도 나아가지 못한다. 늘 갈등과 반목의 연속이다. 일이 잘못되면 어김없이 '내 그럴 줄 알았어' 라고 얘기한다. 마치 시작도 하기 전에 이미 결과를 예측이나 하고 있었던 듯이 말이다.

이런 사람들을 변명하는 말이 '입바른 말' 이다. 자신들은 옳은 말을 하는데 동료가, 상사가 이해를 못 하고, 알아주지 않는다고 항변한다. 문제는 '입바른 말' 이 나 자신만의 기준에서 올바른 말이라는 데 있다. 모든 문제는 사람마다 다양한 의견과 관점이 있을 수 있다. 다른 사람 생각은 모두 그르고 내 생각만 옳다고 주장하는 것은 매우 위험하다. 특히 자신의 이익을 위하고 사심에 의한 말이라면 최악이다.

일단 긍정적인 '예스' 라는 말이 좋다. 좀 더 구체적으로 말하면 긍정적인 마음을 갖는 것이 좋다. 상사의 말과 나의 의견이 다른 경우에 먼저 긍정하고 나의 의견을 나중에 말하는 것이 좋다. 동시에 상사도 부하가 '노' 라고 말할 때 무조건 나의 의견에 반대하는 '괘씸한' 부하라고 생각하지 말고 이유를 한 번 더 경청하는 열린 자세가 필요하다.

"모든 문제에는 사람마다 다양한 의견과
관점이 있을 수 있다. 다른 사람 생각은
모두 그르고 내 생각만 옳다고 주장하는 것은
매우 위험하다. 특히 자신의 이익을 위하고
사심에 의한 말이라면 최악이다."

스페셜리스트냐 제너럴리스트냐

스페셜리스트specialist가 될 것인가, 아니면 제너럴리스트generalist가 될 것인가는 직장인들에게 꽤 나 오래된 명제이다. 어떤 한 분야에 전문가가 될 것인가, 아니면 여러 분야를 두루 하는 사람이 될 것이냐의 문제이다. 샘물이 나올 때까지 '한 우물을 파라' 와 샘물이 나올만한 '여러 곳을 파라' 의 논쟁이다. 논쟁은 사람에 따라, 보는 관점에 따라 다르기 때문에 어느 것이 정답이라고 할 수는 없다.

대학을 졸업하고 정년까지 직장 생활을 한다고 하면 적어도 30년 이상이 된다. 특정 분야의 업무만 할 수도 있고 다양한 분야의 일을 할 수도 있다. 같은 연구개발 분야에서 업무를 시작했어도 한 분야에서만 근무하다 정년을 맞이하는 사람도 있고, 다른 분야의 업무를 하다 정년을 맞이하는 사람도 있다. 어떤 커리어 경로 career path를 갈 것인지가 자신의 직장 생활 전체를 결정한다고 해도 과언이 아니다. 직장인에게 업무 선택은 중요한 일이다.

스페셜리스트와 제너럴리스트에 따른 커리어 경로의 조합은 4개가 나온다. 첫째, 시종 스페셜리스트로 남는 것, 둘째, 스페셜리스트에서 제너럴리스트로 확장하는 것, 셋째, 시종 제너럴리스트로 남는 것, 넷째, 제너럴리스트에서 스페셜리스트로 전환하는 것이다.

어떤 경로가 가장 좋을까. 사람마다 각기 취향도 다르고 직업관도 다르다. 어느 것이 좋다고 단정하기 어렵다. 어떤 사람은 한 가지 일에 몰두하는 것을 좋아하고, 어떤 사람은 여러 가지 일의 경험을 좋아하는 사람도 있다. 변화보다는 현실 안주를 좋아하는 사람도 있고, 끊임없이 새로운 일에 도전하는 것을 좋아하는 사람도 있다. 한 분야의 전문가라는 데에 자부심을 갖는 사람도 있고, 다양한 분야에서 자신의 능력을 발휘하는 것에서 직장생활의 보람을 찾는 사람도 있다.

개인적으로 최소한 한 가지의 자기 전문분야는 있어야 한다고 얘기하고 싶다. 어떤 분야이건 상관이 없다. 회사에서 어떤 분야 하면 누구다 하고 떠오르는 사람이다. 전략통, 영업통, 재무통이라고 할 때 이른바 '통通'이라고 일컫는 사람이다.

왜 전문가가 되어야 하는가는 굳이 얘기하지 않아도 될 것이다. 나만의 '무기'가 있는 전문가는 회사에서 인정받고 대우받는다. 전략부문 경영학 대가인 제이 바니Jay B. Barney가 기업이 경쟁우위를 갖추려면 가치 있고valuable, 희소하고rare 모방 불가능하며inimitable, 대체 불가능한 non-substitutable 자원을 가져야 한다고 했다. 사람도 다르지 않다. 전문성은 경쟁우위의 원천이다. 승진도 빠르고, 더 많은 연봉을 받을 가능성이 높다. 그리고 회사 밖에서도 눈여겨보고 스카우트의 표적이 되기도 한다.

적어도 '통'이라고 불리는 전문가가 되기 위해서는 상당한 시간이 필요하다. 한두 해로 경지에 이르기 어렵다. 적어도 몇 년, 아니 십 년, 이십 년이 걸릴 수도 있다. 그렇다고 단순히 오래 해도 쉽게 되지 않는다. 깊이가 있어야 한다. 남들보다 차별화되는 탁월함excellence이 있어야 한다. 어떤 일에 전문성이 있는 것과 오래 해서 익숙한 것은 분명히 다르다.

입사 후 상당 기간은 한 분야의 전문가가 되기 위한 노력을 할 것을 권장하고 싶다. 그냥 잘하는 정도가 아니라 한 분야에서 전문가라는 소리를 들을 정도의 경지에 이르도록 말이다. 어떤 사람은 한 가지 일에 집중하지 못하고 이것저것 기웃거리기도 한다. 언뜻 발 빠르고 민첩한 것처럼 보이지만, 시간이 지나면 자칫 어느 것 하나도 잘하지 못하는 그렇고 그런 사람이 되기 쉽다.

계속 스페셜리스트로 갈 것인지, 아니면 다른 분야로 경력을 확장할 것인지는 각자가 선택하면 된다. 예컨대 인사 분야에서 HRMHuman Resource Management의 전문성을 갖춘 후 계속 HRM 전문가로 남을 것인지, 아니면 HRDHuman Resource Development나 EREmployee Relations 등의 다른 분야로 확장할 것인지 본인이 결정하면 될 것이다. 경력이 더 쌓여 인사 전문가로 남을 것인지, 아니면 영업, 재무 등 다른 분야로의 확장을 통한 경영자의 길을 모색할 수도 있을 것이다.

그럼 다른 대안은 어떨까. 시종 제너럴리스트로 남는 것은 회사에서 견뎌내기 어렵다. 지금은 전문가의 시대이다. 어떤 분야에서 전문성을 갖추지 못하면, 그래서 언제라도 다른 사람으로 대체가 용이하면 살아남기가 쉽지 않다. 제너럴리스트에서 스페셜리스트가 되는 것은 쉽지 않다. 오랜 기간 제너럴리스트로 있다가 나중에 어느 한 분야의 전문가가 되기 위해서는 훨씬 많은 노력이 요구된다.

회사가 요구하는 인재상이 영원불변의 것은 아니다. 시대에 따라 기대하는 인재상은 변해 왔다. 그리고 각 회사가 처한 상황에 따라 요구하는 인재상은 다르다. 산업화 이전에는 근면하고 성실하며, 일반적인 재능을 두루 갖춘 제너럴리스트가, 산업화 시대에는 전문기술을 가진 스페셜리스트가 우대받았다. 이후 지식 정보화 시대의 도래로 전문성과 폭넓고 다양한 지식을 함께 겸비한 인재가 각광을 받게 되었다. 도요타의 'T자형 인재' 가 그러한 모델이라고 할 수 있다.

최근에는 'O자형 인재'가 새로운 인재상으로 떠오른다. 통섭과 융합이 중요한 시대다. 다양한 분야의 지식을 대통합하는 인재상이 필요하다. 시대의 변화에 따라 요구하는 인재상도 계속 바뀐다. 변화에 맞도록 끊임없는 노력이 필요하다. 강한 것이 살아남는 것이 아니라 적응하는 것이 살아남는다는 다윈의 경구가 새삼 비수 같다.

외국계 기업에 대한 환상

자세히 들여 보아야 보이는 것들이 있다. 오래 보아야 보이는 것들이 있다. 외국계 기업에 대한 막연한 환상을 가진 사람들을 많이 보았다. 왜 그런 생각을 하느냐고 물어보면 왠지 기업문화가 수평적이고, 자유로운 분위기이며, 워라벨이 잘 지켜지고, 심지어 연봉과 복지가 좋을 것 같다고 말한다. 환상은 반은 맞고 반은 틀리다.

사실 외국계 기업도 천차만별이다. 처음부터 외국회사가 한국에 투자를 한 회사도 있고, 한국기업을 인수한 회사도 있다. 투자지분이 50%인 회사도 있고 100%인 회사도 있다. 본사에서 경영자를 직접 파견해 경영하는 경우도 있고, 한국인을 대표로 고용하여 경영하는 경우도 있다.

업종에 따라서도 다르다. 제조업, 금융업, 서비스업에 따라 다르다. 같은 제조업이라도 전자, 화학, 제약, 자동차 등 산업에 따라서 다르다. 영미계냐 유럽계냐에 따라서 다르고, 같은 유럽도 독일이냐 프랑스냐에 따라서 다르다. 외국계 기업은 모두 다르다고 하는 편이 더 맞는 말일 것 같다. 각기 다른 국가, 다른 산업에서 근무해 보았다. 경험상 날랐다.

개인 경험과 다른 외국계 기업에 근무하는 사람들의 말을 종합하면 외국계 기업의 장점으로 대략 이런 점들을 꼽는 것 같다.

첫째, 비교적 수평적인 조직문화를 가졌다는 점이다. 외국계 기업들은 한국의 전통적인 여러 단계의 직급체계 대신 보통 담당자, 매니저, 임원으로 단순한 직급체계를 가지고 있다. 당연히 결재단계가 짧아 업무의 속도와 효율성이 높다. 위계를 덜 따져 상하 간에 대화와 소통이 비교적 자유롭게 이루어진다.

둘째, 관계중심이 아닌 업무 중심 문화를 가지고 있다. 한국기업은 학연, 지연은 물론 동호회, 선후배 등 각종 관계중심으로 되어 있다. 관계 내에 포함되어 있지 않으면 직장 생활을 하는 데 많은 어려움이 있다고 호소한다. 이에 반해 외국계 기업은 업무 중심의 문화를 가지고 있다. 신입사원이어도 역량만 있으면 중요한 직무를 자신의 책임과 권한을 부여받아 수행할 수 있다.

셋째, 보상에 있어 실력과 성과로 평가하는 문화를 가지고 있다.

단순히 오래 근무했다는 연공서열보다 개인 역량이 어떤지, 얼마나 많은 성과를 냈는지가 평가의 우선순위다. 성별에 대한 차이도 거의 없다. 여성이라도 실력을 겸비하고 성과를 내면 남성과 동등하게 매니저나 임원으로 승진하는 기회가 제공된다.

끝으로, 외국계 기업은 칼퇴근을 할 수 있다, 워라벨이 좋다고 하는 사람들도 있다. 그러나 이는 다소 주관적인 평가다. 업무능력과 성과 중심이어서 근무시간과 관계없이 열심히 일하는 직원들이 많다. 또한, 본사가 있는 국가와의 시차로 업무시간 외에 업무를 별도로 하는 경우가 많다. 연봉이 높고 복지가 좋다는 것도 막연히 그럴 것이라는 선입견이 작용한 것이다. 물론 실력과 성과에 따라 많이 받는 직원도 있지만, 외국계 기업이라고 많은 연봉을 받는 것은 결코 아니다.

그렇다면 어떤 사람이 외국계 기업에서 일을 하면 좋을까. 앞서 말한 외국계 기업의 장점을 생각하면 어느 정도 답이 보인다.

첫째, 전통적인 연공서열과 위계질서를 중시하는 수직적 기업문화보다 자유롭고 수평적인 조직문화를 선호하는 사람들에게 좋다. 수직적 문화는 나쁘고 수평적 문화가 좋다는 말은 아니다. 좋고 나쁨의 문제가 아니라 사람의 성향에 따라 어떤 문화가 나에게 맞는가가 다를 수 있기 때문에 굳이 '선호' 라는 단어를 사용하였다.

둘째, 학연, 지연 등의 관계보다는 오로지 실력과 성과로 평가

받기를 원하는 사람들에게 좋다. 우리나라는 여전히 실력 여부를 떠나 '이름 있는' 대학을 나오지 못하면 첫 직장부터 '괜찮은' 기업에 취업하기 어렵다. 학력으로 어려움을 겪는 것이 현실이다. 중소기업에서 근무해 업무 경험과 실력이 있으면 외국계 기업으로 이직이 좋은 대안이 될 수 있다. 직장 생활에서 여러 가지 인간관계로 오는 스트레스나 갈등관리에 어려움이 있다면, 자신이 하는 업무에 전념하는 문화인 외국계 기업에서 근무하는 것이 내안이 될 수 있다.

셋째, 외국어에 소질이 있고, 글로벌 마인드가 있는 사람들에게 좋다. 한국기업 중에도 해외 비즈니스를 많이 하는 기업들이 있지만, 외국계 기업은 기본적으로 영어를 비롯한 외국어 실력은 기본이다. 외국계 기업은 적어도 몇 명의 외국인이 함께 근무하고, 수시로 본사와 업무협의나 보고를 해야 한다. 외국어에 자신이 있고, 외국인들과 업무를 하는 문화를 즐길 수 있다면 금상첨화이다.

특별히 여성에게 외국계 기업은 매우 매력적이다. 유명 다국적 기업들은 여성이라고 차별하지 않는다. 다양성Diversity 관리 측면에서 일정 비율의 여성을 채용하고 승진시키는 인사정책을 표방하고 있다. 내가 다니는 회사의 경우 다른 국가 계열사들을 보면 전체 직원 중 여성의 비율이 꽤 높다. 고위직에도 상당히 많은 여성이 포진해 있다. 우리나라는 여성이라는 이유로 남성에 비해 취업과 승진 등에 불리한 게 현실이다. 외국계 기업에 대한 도전은 여성의 경우 적극 응원한다.

외국계 기업이냐, 국내 기업이냐는 좋고 나쁨의 문제가 아닌 개인의 성향과 선호에 따라 결정하면 된다. 다 자기 하기 나름이다. 지금 자신의 모습은 그동안 자신이 선택한 결과물이다. 오늘의 선택이 내일의 나를 만든다. 신중한 선택을 권한다.

내 몸값은 내가 만든다

인생은 프로다. 인생은 프로여야 한다. 나란 존재의 상품값은 내가 만든다. 가끔 해외 유명 프로 스포츠 선수들의 연봉에 관한 뉴스를 들을 때면 놀란 입을 다물지 못하곤 한다. 가히 천문학적인 숫자다. 금액이 어마어마하다. 상상을 초월한다. 웬만한 사람은 평생을 벌어도 그들의 1년 치는커녕 1개월, 1주 치의 임금에도 못 미친다.

프로선수의 연봉은 선수 개인의 가치로 시장에서 결정된다. 선수의 가치는 실력, 상품성 등 여러 요인들의 집합체이다. 개인기록, 팀에 대한 기여도, 팬들의 인기도 등이 된다. 연봉은 협상이다. 하나의 시장이 형성된다. 시장은 냉정하다. 사람이 상품이다.

상품의 가치는 연봉으로 확정된다. 개인의 가치가 높아지면 올라가고 내려가면 가차 없이 깎인다. 실력이 뛰어난 선수는 더 많은 연봉을 받고 다른 팀으로 스카우트되기도 하고, 반대의 경우에는 방출되기도 한다. 프로의 연봉 결정 과정은 오로지 실력과 시장에 의해 결정된다. 시장에서 인정은 없고 품격은 다음이다. 냉혹한 시스템이다.

직장인들의 연봉도 프로선수만큼은 아니지만 크게 다르지 않다. 기본적으로 실력이 있고, 기업 기여도가 높은 사람에게 더 많은 연봉이 지급된다. 실력이 있는 사람은 기업에서 붙잡아두기 위해 연봉을 올린다. 실력과 기여도에 비해 적은 연봉을 받는다고 생각하면 다른 회사로 이직을 하기도 한다.

많은 직장인들이 현재 내가 있는 회사에서 받는 연봉과 시장에서 받을 수 있는 나의 몸값을 혼동하는 경우가 많다. 대표적인 예로 지금 다니는 회사에서 받는 연봉 수준을 다른 회사로 옮겨도 충분히 받을 수 있다고 생각한다. 나의 가치를 실제에 비해 과대평가한 결과다. 현재 연봉이 실제 시장에서 평가되는 몸값과는 일치하지 않는 경우가 많다.

이직을 하는 사람들 가운데 실제로 이러한 경우가 많다. 쉽게 이직하는 경우가 많은데 낭패를 보기 쉽다. 경쟁자들이 있는 외부시장은 호락호락하지 않다. 처음 한두 번은 나의 가치에 비해 몸값을 후하게 받을 수 있다. 하지만 실력으로, 성과로 나의 가치를 보여주지 못하면 머지않아 밑천이 드러난다. 조직에서 용도 폐기되는 당사자가 되거나 스스로 조직을 떠나지 않으면 안 되는 지경에 이르기도 한다.

현재 내가 받고 있는 연봉은 지금 있는 회사에서 나의 가치를 평가받은 결과에 의한 보상이지 외부에서 나의 가치에 대한 보상이 아니다. 내가 있는 조직에서의 나의 가치는 매우 제한적이다. 왜냐하면, 비교 대상이 많지 않기 때문이다.

외부시장은 사정이 다르다. 나 이외에 다른 경쟁자가 있다. 사람도 하나의 상품으로 가정하면 나도 수많은 종류의 제품들 가운데 하나다. 다양한 종류의 제품이 진열대에 진열되어 있는 가운데 나라는 제품이 동일한 조건으로 고객의 선택을 받느냐 못 받느냐의 문제다. 내가 다니고 있는 한정된 한 회사 내에서 나의 가치와 외부시장에서 다른 경쟁자와 비교되는 나의 가치는 엄연히 다르다. 한 직장에서 근무한 사람들은 잘 모를 수 있다. 직장을 몇 번 옮겨 본 사람이라면 충분히 공감이 될 것이다.

결국, 나의 몸값은 내가 결정하는 것이 아니라 시장이 결정한다. 나라는 상품의 가치가 시장에서 어떻게 평가되느냐에 나의 몸값이 매겨진다. 인격으로 존중받아야 할 인간이 아니라 나는 상품이다. 먼저 상품으로 선택받아야 하는 주체가 아니라 객체가 되는 곳이 채용시장이다.

누구나 자신의 몸값이 제대로 평가받기를 원한다. 내가 가진 실력 이상으로 평가되는 과대평가overvalued의 위험성도 경계해야 한다. 나의 실력보다 낮게 평가되는 과소평가undervalued도 안 된다. 나의 가치가 제대로 평가되어 걸맞은 몸값을 받아야 한다.

프로선수들이야말로 시장의 냉엄함을 누구보다 잘 아는 사람들이다. 자신의 몸값을 올리기 위해 피나는 노력을 한다. 직장인들도 마찬가지다. 나의 가치를 제대로 평가받기 위해 다른 사람보다 비교우위에 있는 무언가를 가져야 한다. 무엇보다 직장인들이 지금의 회사에 장기근무할 보장도 없다. 언제, 어떻게 냉엄한 시장으로 내몰릴지 모른다. 나의 가치를 높이는 노력을 하여야 한다. 제대로 내 몸값을 받기 위해서 말이다. 인생은 위험하다. 인간은 위험하다. 회사도 위험하다. 나도 위험하다. 위험 수위를 낮추는 최선의 방법은 오직 실력배양이다.

"인생은 프로다. 인생은 프로여야 한다
나란 존재의 상품값은 내가 만든다"

이직의 공식

직장인이라면 누구나 이직을 한 번쯤은 생각해 보았을 것이다. 새로운 환경에서 근무해 보고 싶어서, 커리어 개발과 성장을 위해서, 연봉을 더 올릴 수 있는 기회로 삼고 싶어서 등등 여러 가지 요인에 의해 이직을 꿈꾸게 된다.

과거에는 한 회사에 들어가면 가능하면 그 회사와 운명을 함께 하는 것이 당연한 것이자 미덕으로 여겼다. 그러나 지금은 이직을 하는 것이 전혀 허물이 되지 않을 뿐만 아니라, 오히려 능력있는 사람으로 평가받기도 한다. 기업 입장에서도 과거에는 신입사원을 뽑아 교육을 시켜 자기 회사 사람으로 키웠다면, 지금은 능력과 경험을 쌓은 경력사원을 외부에서 충원하는 것이 대세가 되었다. 이처럼 개인과 기업의 필요와 니즈needs가 서로 맞아떨어지면서 이직이 보다 활발하게 일어나고 있다.

이직은 잘만 활용하면 본인에게 새로운 기회가 된다. 그러나 잘못하는 경우에는 큰 독이 될 수도 있다. 인사업무를 하면서 수많은 경력직원을 채용해 보았다. 또 많은 직원들이 다른 회사로 이직을 하는 것을 지켜보기도 하였다. 나 자신도 여러 번에 걸쳐 이직을 해 보았다. 이러한 경험을 통해 이직은 절대 함부로 해서는 안 된다는 것을 절감하게 되었다.

이직은 철저한 사전준비를 해서 하여야 한다. 절대로 충동적으로 하여서는 안 된다는 것이다. 이직할 회사를 미리 정하지도 않고 무턱대고 사표부터 던지고 보는 행위는 매우 위험하다. 이직에 성공한다는 게 내 생각처럼 만만치 않다. 채용 프로세스의 기간이 한두 달은 기본이고 수개월이 소요되기도 한다. 이직을 못 해 생긴 공백기간이 6개월, 1년 이상 장기화되는 경우도 있다. 이러면 마음이 조급해지고 초조해지면서 아무 회사라도 들어가고 보자는 생각에 기대에 못미치는 회사에 들어갈 수도 있다. 이렇게 되면 새로운 회사에 들어가서도 만족하지 못하고 또다시 퇴사로 이어질 공산이 크다. 이처럼 성급한 이직은 그동안 쌓아 왔던 경력에 오점이 되고 취업시장을 전전하는 낭인浪人이 될 수도 있음을 유념하여야 한다.

이직을 할 때는 이직을 하는 분명한 이유가 있어야 한다. 그것도 부정적인 이유가 아닌 긍정적인 이유가 있어야 한다. 이직을 통해 경력을 보다 심화시키고 확장하여 자신의 비전과 발전의 기회로 삼고자 하는 긍정적인 이유가 있어야 한다. 그렇지 않고 회사에 불만이 있어서, 상사가 마음에 들지 않아서, 하는 일이 마음에 들지 않아서, 연봉이 적어서와 같은 부정적인 이유에 의한 이직은 또 다른 이직을 하는 악순환으로 이어지기 쉽다. 이직을 할 때 이런 이유가 전혀 없을 수야 없겠지만 면접 자리에서마저 이러한 이유를 대놓고 말하는 사람들도 많이 본다. 경력사원을 채용하는 회사 입장에서는 이런 사람을 채용하면 또다시 퇴사할 것을 우려해 채용을 꺼릴 수밖에 없다.

너무 잦은 이직을 하여서는 안 된다. 취업지원자의 이력서를 보다 보면 1년, 아니 몇 개월마다 직장을 옮겨 다니는 사람들을 종종 보게 된다. 회사에서는 이런 이력서는 일단 제외하고 본다. 직장을 전전하는 '잡 호퍼job hopper'로 생각하기 때문이다. 또 조직 부적응자이거나 업무 무능력자로 볼 여지도 있다. 만약 좋은 대학에 화려한 스펙의 소유자라면 연봉이나 직위를 올리려는 목적이거나 또 다른 회사로 옮기기 위한 징검다리로 이용하려는 의도가 아닌지 의심을 갖게 된다. 기업 입장에서는 가급적 오래 근무할 수 있는 사람을 채용하기를 원한다. 채용을 하는 것이 쉽지도 않고 비용도 많이 들기 때문이다. 또한 같이 일하는 동료들도 얼마 안 있어 이직을 할 것 같은 사람과는 같이 일하고 싶어 하지 않는다. 내 개인적인 생각으로는 최소한 3년 이상은 한 직장에서 근무하는 것이 좋은 것 같다.

자신의 역량을 발휘하고 성장할 수 있는 회사로의 이직이 바람직하다. 무조건 큰 회사, 유명한 회사, 연봉 많이 주는 회사가 전부는 아니다. 특히 경력이 쌓이고 나이가 들면서는 내가 어떤 역할을 하고, 어떤 능력을 발휘할 수 있느냐가 중요하다. 내가 역량을 충분히 발휘하고 인정받으면 연봉과 직위는 자연스럽게 따라오게 되어 있다. 이는 경력관리와도 밀접한 관련이 있다. 자신의 경력관리가 일관성 있게 관리가 되어야 한다. 한해 한해 직장생활의 경력이 쌓여갈수록 자기 경험과 실적이 이력서에 한줄 한줄 더해져야 한다.

이직을 금기시하거나 좋지 않은 것이라고 생각하는 것은 옳지 않다. 자기 능력을 발휘하고 제대로 인정받고 보상받기 위해 이직은 매우 유용한 수단이 될 수 있다. 그러나 이직을 너무 쉽게 생각하는 것도 위험하다. 자신의 경력관리와 연계하여 전략적이고 신중한 접근이 필요하다.

“이직은 잘만 활용하면 본인에게
새로운 기회가 된다. 그러나 잘못하는 경우에는
큰 독이 될 수도 있다.”

평판관리 가볍게 보면 안 된다

사람은 보여지기 위해 산다. 집에서는 세수도 하지 않고 있다가 나갈 때면 화장까지 한다. 집에서 사용하던 말투도 격조 있는 자리에 가면 달라진다. 사람은 외모로, 상품은 디자인으로 경쟁한다. 마음 안보다 마음 밖을 꾸미는 것이 먼저다.

다른 사람들의 눈에 어떤 모습으로 비춰지고 평가되는지를 나타내는 평판reputation은 이제 더 이상 가볍게 볼 수 없다. 평판이 좋은 기업의 제품은 소비자에게 큰 신뢰감을 주고, 회사의 매출에 영향을 준다. 대학의 경우도 매년 브랜드 평판의 순위가 발표된다. 학생들이 가고 싶어 하는 학교의 선호도에 영향을 미친다.

개인도 마찬가지다. 좋은 평판을 가지고 있느냐, 그렇지 않으냐는 직장 생활을 하는 데 큰 영향을 미친다. 어렵고 곤란한 상황이 왔을 때 평소 평판을 좋게 보았던 사람 때문에 뜻하지 않은 행운을 잡기도 하고, 반대로 모든 면에서 실력 있고 능력 있는 사람인데 평소 대수롭지 않게 생각했던 나쁜 평판으로 눈앞의 기회를 날려 버리는 경우도 있다.

평판이 위력을 발휘할 때는 이직을 하는 경우다. 이직 절차에서 마지막 관문이 평판 조회reference check다. 지원자의 과거 상사, 동료로부터 업무역량, 성격, 장단점 등을 확인한다. 평판 조회는 이력서에 나타나지 않고, 면접을 통해서 알기 어려운 정보다. 접근이 어려운 정보여서 중요하게 받아들여진다. 의뢰를 한 헤드헌터로부터 정보를 받기도 하지만 채용하는 회사에서 직접 확인하기도 한다.

평판은 이직의 경우만 중요한 게 아니다. 회사 내부에서 평판은 때로 큰 위력을 발휘한다. 승진심사나 중요한 직무를 맡길 사람을 임명할 때 평판은 크게 작용한다. 사내에 있는 여러 경쟁자 가운데 실력이 엇비슷할 경우 마지막에 평판이 결정적인 작용을 할 때가 의외로 많다. 특히 고위 임원이나 팀장 등 직급이 올라갈수록 크게 작용한다.

평판은 하루아침에 형성되지 않는다. 평판은 오랜 기간 걸쳐 축적된 이미지이자 평가의 산물이다. 특정한 기간, 특수한 상황에서 잘한다고 갑자기 형성되는 게 아니다. 상당한 기간 일관되고 반복되는 것들이 축적되어 이루어진다. 평상시에 업무에 태만하고, 불같이 화를 내고, 다른 사람들과 늘 불화를 일으키던 사람이 갑자기 열심히 일하고, 남들에게 온화하고 친절하게 대한다고 쉽게 바뀌지 않는다. 오히려 진실성이 없고 가식적으로 보일 수 있다.

좋은 평판을 얻는 데 오랜 시간이 소요된다. 그러나 평판이 나빠지는 데는 순식간이다. 좋은 이미지의 기업이나 기업대표가 사회적, 도덕적으로 물의를 일으키는 행위로 일순간에 추락하는 경우를 많이 본다. 개인도 다르지 않다. 회사 내에서 장래가 촉망되는 사람이 갑질, 비위행위, 비도덕적인 행위로 말미암아 추락하고 다시 재기하지 못하는 사례를 종종 목격한다. 좋은 평판을 만드는 것 못지않게 그 평판을 계속 유지하는 것이 중요한 이유다. 나는 내가 만들어야 한다. 나의 선택으로 나는 오늘도 만들어지고 있다. 나의 행동, 나의 말투, 나의 의복으로 나는 평가받고 있다. 누군가의 시선이 지금 나를 훑고 지나가고 있다.

평판에는 좋은 평판이 있고 나쁜 평판이 있다. 사람들은 일반적으로 좋은 평판을 갖는 데 더 신경을 쓴다. 하지만 나쁜 평판에도 관심을 기울일 필요가 있다. 일반적으로 어떤 사람에 대한 평판을 물어보면 '그 사람은 다 좋은데, 딱 한 가지 OO가 부족해' 라고 하는 경우가 있다. 좋다고 열거하는 열 가지보다 부족하다는 딱 한 가지 'OO' 가 걸림돌이 된다. 중요한 자리에 사람을 채용하는 경우, 임원이나 팀장으로 승진할 사람을 임명하는 경우 더욱 그러하다. 부족하다는 딱 한 가지 'OO'이 크게 부각되어 결정적인 영향을 미친다.

세상이 넓다고 하지만 의외로 좁다. 언제 어떻게 사람을 만날지 모른다. 살다 보면 다시 안 볼 것 같은 사람을 의외의 장소와 시간에 만난다. 이는 채용시장에서 더욱 체감하게 된다. 직장을 옮기면 다 비슷한 직종, 비슷한 산업에 있는 사람들끼리 서로 자리바꿈을 하는 경우가 많다. 예상하지 못한 곳에서 누가 어디서 무슨 일을 했고, 회사에 다녔을 때 어땠는지 손바닥 위에 있는 것처럼 훤히 알고 있는 사람을 만나는 경우가 있다.

남 눈치 보지 않고 내 방식대로 살겠다고 호언장담하지만, 현실은 그렇지 않다. '있을 때 잘해'라는 말이 결코 빈말이 아니다. 없을 때 잘할 수 없다. 인생이란 현장은 있을 때 잘할 수밖에 없다. 유일하게 잘할 수 있는 현장인 있을 때 잘하자.

“좋은 평판을 가지고 있느냐, 그렇지 않으냐는
직장 생활을 하는 데 큰 영향을 미친다.”

나를 지상 최고의 개성으로 만들어라

3부
인사쟁이 따라하기

“

삼류는 자신의 능력만 활용하고,
이류는 타인의 능력을 활용한다.
일류는 타인의 능력을 끌어낸다.

”

- 한비자 -

인사의 성공 용인用人에 달렸다

흥망은 사람에 달렸다. 조직이 살고 죽는 일은 사람에게 있었다. 결국은 사람이었다. 국가가 되었건 자그마한 회사가 되었건 조직의 흥망성쇠는 사람을 어떻게 활용하느냐에 달려 있다. 바로 사람을 쓰는 기술인 용인술用人術의 문제다.

용인술은 3가지의 영역으로 구분할 수 있다. 첫째는 우수한 인재를 영입하는 것, 둘째는 적절한 자리에 앉히고 적합한 임무를 맡기는 것, 셋째는 자신들이 가진 역량을 최대치로 발휘할 수 있도록 환경을 만들어 주는 것이다. 세 가지 모두 중요하다. 어느 하나가 충족되지 못하면 제대로 성공하기 힘들다.

용인술에서 중요한 것은 우수한 사람을 찾고 모으는 것이다. 경영학의 구루 짐 콜린스Jim Collins는 〈좋은 기업을 넘어 위대한 기업으로Good to Great〉에서 훌륭한 리더들은 새로운 비전과 전략을 짜는 것이 아니라 먼저 적합한 사람을 버스에 태우고, 부적합한 사람을 버스에서 내리게 하며, 적임자를 적합한 자리에 앉히는 일부터 시작했다고 하였다.

역사적으로 뛰어난 리더들은 인재에 대한 판단과 결정을 잘했다. 평민 출신의 백수건달인 유방이 귀족 출신에 역발산기개세力拔山氣蓋世를 자랑하는 항우를 끝내 물리치고 한나라를 세울 수 있었다. 우수한 인재를 자기 곁에 두는 능력이 있었기 때문이다. 박정희 대통령은 경제개발 5개년 계획을 수립하고 중화학공업육성 정책을 펼쳤다. 그러나 추진해 나갈 사람이 없었다. 당시 외국에 있는 선진 학문을 공부한 테크노크라트technocrat들을 고국으로 불러들였다. 인재의 국내영입으로 한국이 6.25 전쟁을 치르며 세계 최빈국에서 벗어나게 한 원동력이 되었다. 삼성이 세계적인 기업으로 성장할 수 있었던 배경도 이병철 전 회장의 '인재제일' 이라는 경영철학이 있었다. 꾸준히 우수한 인재를 모으고 양성하였다. 오늘의 삼성이 있게 한 힘이었다.

뛰어난 리더들은 우수한 인재에 대한 욕심이 남달랐다. 우수한 인재가 있으면 기어코 내 편으로 만드는 노력을 다했다. 삼국지에 나오는 촉나라의 유비 곁에는 도원결의를 맹세한 관우, 장비 같은 용맹한 장수들이 있었다. 그러나 유비는 위나라의 조조만큼 전략에 뛰어난 책사가 부족하였다. 재야에 묻혀 있는 제갈량이라는 걸출한 인재가 있다는 소식을 듣고는 세 번이나 찾아가 호소하는 삼고초려三考草廬를 마다하지 않았다.

삼성은 80년대 초 반도체 산업에 본격 진출하면서 인재난에 허덕였다. 삼성은 결정했다. 미국에서 공부하고 활동하고 있는 반도체 전문가들을 직접 찾아가 영입하는 결정이었다. 삼성이 반도체 부문 세계 1위 자리에 우뚝 서게 된 배경이 되었다. 이건희 전 회장은 말했다. "한 사람의 천재가 10만 명을 먹여 살린다." 또한, 이렇게 말했다. "S급 우수 인재에게 나보다 월급을 더 많이 줘라." 인재에 대한 욕심이 남달랐음을 보여주는 말이다.

용인술의 두 번째 요소는 인재를 적재적소에 배치하는 일이다. 아무리 뛰어난 인재라도 올바른 자리에 올바른 일을 맡기지 않으면 제 역량을 발휘하기 힘들다. 각자무치角者無齒라는 말이 있다. '뿔을 가진 동물은 날카로운 이빨이 없다' 라는 뜻이다. 각자 나름 자신의 고유한 강점이 있다는 의미다. 새는 날카로운 이빨은 없지만, 하늘을 날 수 있고, 호랑이는 날카로운 이빨은 있지만, 하늘을 날지 못한다.

사람도 마찬가지이다. 레오나르도 다빈치가 아닌 이상 대부분의 사람들은 모든 것을 다 잘하지 못한다. 수학과 과학에는 뛰어나지만, 미술과 음악에는 소질이 없을 수 있다. 축구는 잘하지만, 야구는 잘 못 하기도 한다. 만능인 사람은 드물다. 다른 사람과 비교하여 자신만의 특기나 장점을 가지고 있다. 아니면 자신이 할 수 있는 것 중에서 조금 더 나은 비교우위를 가지고 있다. 한국 축구대표팀에서 손흥민, 김민재 두 선수는 모두 축구를 잘한다. 그러나 손흥민 선수는 수비보다는 공격에, 김민재 선수는 공격보다 수비에 더 비교우위를 가지고 있다. 당연히 비교우위를 가진 포지션에 있을 때 더 큰 능력을 발휘할 수 있다.

세종대왕은 출신이나 배경에 얽매이지 않고 사람이 가진 재능과 능력을 보고 인재를 활용하였다. 관노 출신으로 뛰어난 과학적 자질을 가진 장영실을 발탁하여 측우기를 발명하였다. 비록 문신 출신이지만 음악에 조예가 깊었던 박연을 기용하여 궁중음악의 체계를 마련하였다. 그래서 용인술에 있어 세종은 우리 역사상 최고의 군주로 칭송되고 있다.

선조는 세종대왕과 확연히 대비된다. 당시의 인물 면면을 살펴보면 이황, 이이, 류성룡, 이순신 등 우리나라 역사상 최고의 인재들이 즐비했다. 오늘날로 치면 역대급 드림팀으로 내각을 구성할 수 있었다. 선조는 화려한 인력 풀에도 동인, 서인으로 갈라져서 싸우는 당쟁을 제대로 조율하지 못했다. 국가의 안위를 생각하는 신하들의 쓴소리와 조언에 귀를 막았다. 심지어 나라를 위해 목숨을 걸고 싸우는 신하를 시기하고 내치기까지 하였다. 인재를 적재적소에 등용하지 못해 임진왜란이라는 국난을 자초하여 나라를 위기에 빠뜨렸고, 오늘날 조선시대 최고의 무능한 임금으로 평가

받고 있다.

용인술의 마지막 요소는 인재들이 역량을 최대로 발휘할 수 있도록 환경을 만들어 주고 도와주는 것이다. 뛰어난 인재들만 모여 있다고 조직이 성공하지 못한다. 역설적이게도 뛰어난 인재들만 모인 집단에서 성과가 오히려 낮아지기도 한다.

인재가 모인 집단에서 성과가 오히려 낮아지는 현상을 아폴로 신드롬Apollo Syndrome이라고 한다. 영국의 경영학자 메러더스 벨빈Meredith Belbin의 실험 결과다. 우수한 인재들로만 구성된 집단이 다른 집단과 비교하여 성과가 전반적으로 우수하지 않다는 것을 발견했다. 왜 그럴까. 뛰어난 사람들이 모인 집단에서는 서로 자신의 생각을 다른 사람에게 설명하고 논쟁을 벌이느라 많은 시간을 소모한다. 또 모두가 자기주장이 강하여 다른 사람들의 주장을 잘 수용하지 못하기 때문에 의견의 합의가 쉽지 않다. 결국, 우수한 인재의 영입 못지않게 다양한 사람들이 다른 역할을 나눠 책임지며 팀워크를 발휘하게 하는 게 얼마나 중요한지를 잘 보여준다.

용인술을 얘기할 때 흔히 인용되는 것이 '의인물용 용인물의疑人勿用 用人勿疑' 라는 구절일 것이다. '사람이 의심되면 쓰지 말고, 일단 썼거든 의심하지 말라' 라는 말이다. 이병철 회장의 인재에 대한 철학으로 유명해진 말이기도 하다. 임명권자와 피임명권자 간의 신뢰가 얼마나 중요한지를 나타내준다. 신뢰는 어떻게 형성될까. 단순히 높은 지위를 주고, 많은 금전적 보상을 준다고 형성되지 않는다. 신뢰는 하루아침에 이루어지지 않는다. 신뢰는 오랜 기간에 걸쳐 조금씩 쌓여서 형성된다. 그리고 좋은 시기에는 신뢰하고 어려운 시기에는 신뢰하지 않는다면 진정한 신뢰 관계라고 말할 수 없다.

짐 콜린스Jim Collins는 위대한 기업을 만든 단계5의 리더가 있다고 했다. 그가 말한 단계5의 리더는 경영능력의 계층 구조에서 가장 높은 수준의 리더로 개인적 겸양과 직업적 의지를 융합하여 지속적인 큰 성과를 이루어 낸다. 그렇지 않은 리더와의 차이점은 사람을 먼저 생각하느냐, 아니면 전략이나 비전을 먼저 생각하느냐에 달려있다고 지적했다. 훌륭한 경영자들은 재임 시 가장 중요하게 생각하고 시간을 많이 투자한 것이 사람을 채용하고, 배치하고, 육성하는 것이었다고 한결같이 말하곤 한다. 사람 관리가 중요하다는 것에 모두가 공감하지만, 현실에서는 등한시되는 경우가 많다. 사실 인적관리라는 것이 재무적 성과처럼 단기간에 효과가 나타나는 것이 아니어서 후 순위로 밀리기 일쑤다.

많은 경영자들이 회사는 시스템으로 돌아가야 한다고 말한다. 시스템만 잘 갖춰놓으면 누구를 앉혀놓든 큰 차이가 없다고 주장하기도 한다. 시스템만 잘 갖춰놓는다고 모든 일이 해결될까. 답은 아니다. 시스템이 모든 일을 하지는 못한다. 완벽한 시스템이란 것이 존재하지도 않는다. 기업경영에 시스템을 잘 갖추는 것이 중요하지 않다는 것이 아니다. 시스템 맹종주의에 빠져 사람 관리를 소홀히 하는 것은 위험하다. 시스템을 만들고 운영하는 것도 결국은 사람이기 때문이다. 일의 성패는 결국 다시 사람이다.

조직문화 어떻게 바꿀 것인가

문화는 공동체의 집단 생각이고 집단놀이다. 문화는 공동체의 집단행동과 집단 생각의 결정체이기도 하다. 옷을 입는 것도, 예절과 도덕을 생산하고 지키는 것도 집단 이성의 합의에 의해서다. 회사라는 조직에는 회사문화가 있다.

회사생활을 하면서 조직문화라는 말만큼 많이 쓰는 단어도 흔치 않은 것 같다. 특별한 이유가 없거나 애매하면 조직문화로 귀결시킨다. 회사가 잘 나갈 때는 조직문화 '덕분'이고, 회사가 어려움에 처하면 조직문화 '탓'이 된다. 어떤 문제가 발생하면 경영자는 경영자대로, 중간관리자는 중간관리자대로, 신입사원은 신입사원대로 가장 쉽게 이유로 드는 것이 조직문화다. 조직문화는 '귀에 걸면 귀걸이, 코에 걸면 코걸이' 처럼 쓰인다.

그래서일까. 많은 기업에서 조직문화를 바꿔보자고 시도한다. 인사팀이 주축이 되어 전담팀을 만들고 대대적인 이벤트 행사를 벌인다. 사장을 비롯한 전 직원이 모여 출범식을 열고, 회사 게시판에 온갖 구호가 적힌 포스터를 붙인다. 수평적 조직문화를 만든다고 호칭을 타파하고 직급체계를 단순화한다. 복장도 자유롭게 하고, 출퇴근 시간도 자율적으로 하도록 한다. 그런데 결과는 영 시원치 않다. 잠시 동안은 뭔가 바뀌는가 싶었는데 얼마 가지 않아 원위치다. '역시 우리는 안돼' 라는 자조가 흘러나온다. 결국, 조직문화를 바꿔보자고 했는데 안 되는 이유도 역시 조직문화 때문이 되고 만다.

문화는 단기간에 만들어지는 것도, 쉽게 바뀌는 것도 아니다. 한 국가, 한 민족의 고유한 문화가 형성되는 데는 오랜 시간이 축적되어야 한다. 문화는 역사의 산물이다. 한 조직의 문화도 마찬가지다. 한 개인의 생각과 습관도 바뀌기 어렵다. 한 조직의 문화를 바꾸는 것은 더 어렵다. 이벤트성 행사 몇 번 하고 몇 가지 제도를 도입한다고 쉽게 바뀌지 않는 것이 조직문화다.

조직문화를 바꾸는 것이 어려운 것은 조직문화가 가지고 있는 속성 때문이다. 기업문화의 아버지라 불리는 에드거 샤인Edgar Schein MIT 슬론경영대학원 명예교수는 〈조직문화와 리더십Organizational Culture and Leadership〉에서 조직문화를 '인공물', '표방하는 가치',

'기본적 가설' 의 세 가지 차원으로 설명하였다.

'인공물artifacts' 은 물리적 공간과 겉으로 드러난 행동이다. 예를 들면 기업 로고, 사가, 근무복장, 고유한 용어, 의례 등이다. 또한, 조직이 만들어 낸 제품과 서비스 그리고 효과적으로 수행하기 위한 조직구조, 제도, 정책 등이 포함된다.

'표방하는 가치espoused values' 는 어떤 집단이 표방하는 신념이나 가치관이다. 회사의 미션, 비전, 목표, 핵심가치 등이며, 흔히 회사 사무실 벽에 포스터나 액자로 붙여지곤 한다.

'기본적 가설underlying assumptions' 은 신념, 가치관 이면에 숨겨져 있는 기본 가정이다. 조직 구성원들이 집단적으로 갖는 가정이자, 세상을 바라보는 관점이다.

조직문화를 구성하는 세 가지 차원 중 인공물과 표방하는 가치는 빙산에 비유하면 수면 윗부분이고 기본적 가설은 수면 아랫부분이다. 학자들은 조직문화를 표면과 심층으로 구분하기도 한다. 전자를 '풍토climate' , 후자를 '문화culture' 로 표현하기도 한다. 처음 두 가지 차원, 즉 표면적 차원의 문화인 조직풍토는 변화가 쉬운 반면, 마지막 차원, 즉 심층의 조직문화는 변화가 어렵다.

많은 회사에서 조직문화를 바꿔보려고 시도하지만, 잘 안되는 이유가 여기에 있다. 가장 중요한 심층의 문화를 바꾸는 대신 겉 표면만 바꾸려 했기 때문이다. 변화는 당장 보기에는 바뀐 것처럼 보이지만 내용을 들여다보면 바뀐 것이 아니다. 회사 로고를 바꾸고,

회사의 미션과 비전을 큼지막하게 액자로 만들어 걸어 놓는다고 회사 조직문화가 바뀌지 않는다.

조직문화는 바꾸기가 쉽지는 않다. 그렇다고 불변은 아니다. 문화 인류학자들의 연구를 통해 '문화는 학습된다learned' 는 것을 밝혀냈다. 어느 민족이나 기업의 독특한 행동 양식이나 인식들을 보면 조직문화도 학습되고 변화된다는 것을 알 수 있다.

조직문화가 중요하다는 것에 대해서는 공감하는 내용이다. 심지어 조직문화가 기업의 성과에 큰 영향을 미친다. 한근태 한스컨설팅 대표는 〈무엇이 최고의 조직을 만드는가〉에서 조직문화는 기업의 바탕이자 뿌리이기 때문에 기업이 외부환경에 맞춰 신규 전략을 실행하거나 기업이 혁신을 할 때 꼭 뒷받침되어야 한다고 하였다. 스스로 조직문화 전문가가 아닌 조직문화 연구자라고 소개하는 김성준은 〈최고의 조직〉에서 조직문화를 '어떤 조직의 목표를 달성하고 성과를 내기 위해 형성된 정신적 소프트웨어' 라고 정의했다. 목표를 달성하는 측면에서 조직문화는 매우 효율적이고 효과적으로 형성되어 있다.

좋은 조직문화란 어떤 것인가. 실제 모든 상황에서 맞는 이상적인 조직문화가 존재는 하는가. 많은 학자들이 다양한 유형의 조직문화를 제시한다. 각각의 특징과 장단점을 나열하고 있다. 어떠한 유형의 조직문화가 절대적으로 좋다고 할 수는 없다. 사람의 성격이 외향적인 사람이 좋은가, 내향적인 사람이 좋은가를 묻는 것과 다를 바 없다. 다만 상황에 따라 적합한 성격과 그렇지 않은 성격이 있을 뿐이다. 조직문화도 마찬가지다. 자동차, 조선과 같은 산업과 IT 기업, 스타트업에 따라 각기 더 적합한 문화가 있을 뿐이다. 잘 나간다는 회사의 문화를 덮어놓고 따라 하는 것은 실패로 가는 지름길이다.

조직문화의 중요성과 변화의 필요성이 인정된다면 다음 질문은 누가 조직문화를 바꿔야 하는가에 이른다. 역시 조직의 장長이 가장 중요하다. 삼성의 조직문화는 이병철, 이건희, 이재용 회장으로 이어지는 삼성의 총수들, 현대자동차의 조직문화는 정주영, 정몽구, 정의선 회장으로 이어지는 현대의 총수들의 영향력이 제일 크다. 오늘날 삼성의 삼성다움, 현대의 현대다움에 가장 큰 영향을 미친 것이 이들이라고 할 수 있을 것이다. 한근태 한스컨설팅 대표는 '조직문화는 전륜구동'이라고 했다. 윗사람이 이끌어야 아랫사람이 움직이고, 리더의 의식 수준이 조직의 문화를 결정한다고 했다. 자동차 엔진이 앞바퀴를 잘 굴려야 뒷바퀴도 견인하듯 조직문화는 리더의 역할이 크다고 할 수 있다.

리더만 조직문화의 온전한 책임이 있는가. 절대 그렇지 않다. 그룹 총수는 자유롭게 의견을 개진하고 토론하는 회의문화를 지향하고 주문한다. 그런데 밑의 임원이나 팀장들이 직원들의 의견을 묵살하고 본인의 의사를 일방적으로 강요한다면 변하지 않는다. 젊은 직원이 기성세대를 '꼰대'로 치부하고 무조건 윗사람들만 변해야 한다고 생각하는 태도도 마찬가지로 바람직한 조직문화로 가는 데 걸림돌이다.

김성준은 경영자를 오른발, 구성원을 왼발로 비유했다. 가보지 않은 길을 가려면 오른발을 먼저 내디뎌야 한다. 오른발을 먼저 내디디면 왼발도 따라 움직이게 된다. 그렇게 오른발, 왼발을 교대로 움직여야 앞으로 전진한다.

인사의 가장 큰 역할 중의 하나가 변화 대리인change agent의 역할이다. 인사담당자들은 조직문화에 대해 늘 관심을 갖고, 시대와 상황의 변화를 예리하게 주시할 필요가 있다. 문화는 공기와 같다. 공기를 바꾸기 어려워도 한 번 바꾸면 지속적으로 이어지는 특성이 있다. 올바른 기업문화를 만드는 것은 과거와 현재와 미래로 자연스럽게 이어지는 탄탄한 길 하나를 닦는 것이다.

"많은 회사에서 조직문화를 바꿔보려고 시도하지만,
잘 안되는 이유가 여기에 있다.
가장 중요한 심층의 문화를 바꾸는 대신
겉 표면만 바꾸려 했기 때문이다"

여러 세대世代가 함께 사는 지혜

뜨거운 세대가 있다. 항상 튀는 세대가 등장한다. 구세대와 신세대의 교체다. 인류 역사가 있는 한 신구세대는 갈등하고 부딪힐 것이다. 인류 역사에서 늘 버릇없는 신세대는 놀랍게도 늘 답답한 구세대가 길러낸 산물이다. 역사가 발전하든 퇴보하든 신세대는 구세대와 갈등구조에서 만들어지고 진화한다.

요즘 MZ 세대 얘기가 정말 뜨겁다. 정치, 경제, 사회, 문화 등 모든 영역에서 MZ 세대 얘기는 빠지지 않는 단골 메뉴다. 이들 세대가 우리 사회 모든 영역에서 전방위적으로 끼치는 영향이 크다. MZ 세대를 이해하지 않고서 현재 우리가 살고 있는 세계를 제대로 간파할 수 없다고 해도 과언이 아닐 정도다. 베이비붐 세대, X세대, Y세대 등 많은 세대를 거쳐 왔지만, 지금만큼 세대 간 논쟁이 뜨거웠던 적이 없었던 것 같다.

MZ 세대는 1980년대 중반부터 1990년대 중반 사이에 태어난 M 세대와 1990년대 중반부터 2000년대 중반 사이에 태어난 Z 세대를 함께 통칭하는 말이다. 나이로 치면 20대와 30대다. 두 세대를 합치면 2019년 통계청 기준으로 우리나라 전체 인구의 34%를 차지한다. 주요 기업에서 전체 직원 가운데 차지하는 비중이 50%에 이른다. 사정이 이러하니 이들의 영향력을 결코 무시할 수 없게 되었다. 오차범위 내 치열한 경쟁을 벌였던 지난 대선 때 승부를 결정짓는 캐스팅 보트 역할을 한 것도 20~30대 MZ 세대였다.

하수미 저著 〈MZ, 젠더 그리고 조직문화〉에서 MZ 세대의 특징을 다음과 같이 정리해 놓았다. 먼저, MZ 세대는 행복의 기준이 이전 세대들과 전혀 다르다. 불확실하고 예측할 수 없는 미래보다 지금 눈앞의 현재를 중시한다. 회사생활 역시 미래의 성공은 누구도 담보해 줄 수 없고 평생직장의 개념도 무의미하다고 생각한다.

이전 세대가 외적이고 거창한 성공에 집착하는 '결과 중심적 태도'를 보였다면 보통의 성공과 소소한 기쁨을 추구하는 '과정 중심적 태도'를 보인다. 금메달, 대기업, 고액 연봉이 아니라 졌잘싸, 즉 졌지만 잘 싸웠다. 소확행, 소소하지만 확실한 행복을 추구한다. 안정적인 직업인 공무원이 되기 위해 공무원 시험에 매달리고,

연애, 결혼, 출산을 포기하는 3포에 더해 취업과 내 집 마련을 포기한다는 'N포세대' 라는 신조어까지 만들어졌다.

또한, MZ 세대는 집단이나 조직보다 '나' 를 중심에 둔 자기중심적 경향이 강하다. 1980년대 저출산 붐을 타고 태어나 부모의 관심과 지원이 집중되었다. 자신에게 집중된 환경에서 자란 MZ 세대는 집단 속의 부분이 아닌 나의 정체성, 아이덴티티identity가 명확한 '특별한 존재' 로 바라봐 주길 원한다.

MZ 세대는 사회정의에 민감하다. 디지털 시대에 출생하여 정보를 빠르고 다양한 채널로 접할 수 있었던 만큼 사회 상류계층의 입학 비리, 채용 비리 등을 직접 눈으로 보았다. 그래서 사회정의에 대한 문제의식이 누구보다 높다. 단순히 문제를 의식하는 것에서 그치거나, 참고 있지 않는다. 부조리를 SNS 등을 통해 공유하고 적극적으로 표출한다.

기업에서 MZ 세대를 어떻게 관리할 것인가는 하나의 화두다. 큰 과제다. 조직문화 차원에서 MZ 세대를 어떻게 포용해갈 것인지를 고심한다. 우선 전체 구성원 가운데 MZ 세대가 차지하는 비율이 만만치 않다. 당연시해 왔던 기존의 관행들에 분명한 자신들의 목소리를 내고 있다. 지금까지 관행적으로 이루어져 왔던 인사평가, 성과금 지급, 정년연장 등에 대해 근본적인 공정성 차원에서 의문을 제기하고 나선 것이다. 기업 입장에서는 어떻게 하면 MZ 세대를 조직에 남게 하고 조직문화에 융합하도록 할 수 있을지에 대해 고민하지 않을 수 없다.

내가 다니는 회사에서 MZ 세대와 어떻게 하면 소통을 잘 할 수 있겠느냐는 주제를 가지고 워크숍을 진행한 적이 있었다. 팀장 이상 간부를 대상으로 한 워크숍에서 어떻게 하면 MZ 세대와 더욱 원활한 소통을 할 수 있을 것인지 토론하는 자리였다. 워크숍을 하는 동안 많은 참석자들이 야간근무, 주말 근무를 당연시하였고, 연차휴가를 쓰려면 상사의 눈치를 보았고, 부서 회식은 꼭 참석해야 하는 것으로 알고 살았던 터라 요즘 MZ 세대들의 사고와 행동들을 이해하기 어렵다는 푸념을 늘어놓았다. 어쩌랴! '라떼' 만 외치다간 '꼰대' 라는 말을 듣는 것을 피해 가지 못할 것이다.

MBC에서 방영된 '한 지붕 세 가족' 이라는 시트콤이 있었다. 한 집에서 여러 세대가 살면서 서로 간의 갈등과 화합을 재미있게 다룬 드라마였다. 조직에서는 '한 지붕 다세대多世代' 의 세상을 살고 있다. 어느 시대에서나 조직에는 여러 세대가 함께 있었다. 다만 옛날에는 변화가 느렸기 때문에 세대 간 차이는 크게 느끼지 못했을 뿐이다. 기술의 발전과 사회의 변동이 급격히 이루어지고 자주 변화기 때문에 세대 간 차이가 크게 일어난다. 앞으로 주기도 점점 빨라질 게 틀림없다.

인류가 생기면서 세대 간 갈등은 항상 존재해 왔다. 기원전 1700년 메소포타미아 수메르 점토판에도 '요즘 애들은 버릇이 없다' 라는 글귀가 새겨져 있다. 옛날이나 지금이나 요즘 애들은 늘 버릇이 없었다. 세상은 돌고 돈다. 1970년대 생으로 1990년 대에 20대가 되었던 세대를 'X세대' 라고 했다. 당시에는 거의 '신인류' 가 탄생한 것처럼 생각했다. 그들이 이제는 MZ 세대의 부모가 되어 있다. 최근에는 2010년대 이후 출생자들을 '알파 세대' 라고 한다. 아마도 '베타 세대', '감마 세대' 라고 명명하면서 세대는 시대를 넘어 계속 이어갈 것이다.

세대 간 차이는 당연한 것이다. 결국, 세대 간 차이를 인정하면서 서로를 존중하고 이해하면서 공존해 가는 방안을 찾는 게 답이다. 삶이 진화하고, 문화가 변해가고, 세대가 태어난다. 멈춰서면 변화가 나를 원시인으로 만들어 놓고 사라져간다. 오늘의 변화하는 물결에 올라타라.

어떤 인재를 채용할 것인가

인재가 없는 시대는 없다. 세종 시대에만 인재가 있지 않았다. 인재는 발굴하는 것이지 키우는 것이 아니다. 인재발굴은 파격에서 종종 빛을 발한다. 임진왜란이란 국난을 진두지휘한 류성룡은 말단 벼슬을 하고 있던 이순신을 발탁했다. 치열한 반대가 있었다. 상소가 빗발쳤다. 정읍 현감으로 있던 이순신을 일약 전라좌수사 자리에 앉혔다. 무려 6계급 승진이었다. 류성룡은 다시 과거에 급제한지 얼마되지 않은 문신 권율을 무신으로 발탁한다. 인사는 파격이었고, 반대가 있었지만, 임진왜란이라는 국난을 승리로 만든 주역들의 인재 등용이었다.

사람을 선택하는 작업, 인사업무는 오늘도 유효하다. 인사업무에서 가장 중요한 업무는 무엇일까. 사람마다 생각이 다를 수 있다. 채용에 대해 이야기해 보자. 버스가 어떤 방향으로 갈지보다 버스에 어떤 사람을 태울지를 먼저 결정해야 한다고 말한 짐 콜린스Jim Collins의 혜안에 전적으로 동의한다.

사람을 잘못 뽑아서 겪는 어려움은 경험해 본 사람이라면 십분 공감이 갈 것이다. 잘못 뽑은 사람의 폐해는 생각보다 엄청나게 크다. 회사의 정책이라면 합리적 이유나 대안도 없이 사사건건 트집을 잡고, 어깃장을 놓기 일쑤다. 매사 문제를 일으키고 동료들과 갈등의 연속이다. 누구 하나 이런 사람과 같이 일하기를 꺼린다. 다른 부서로 갔으면 하고, 마음속으로는 제발 회사를 자발적으로 퇴사하기를 바라지만 그럴 생각은 추호도 없다. 본인의 업무임에도 무사태평이고 심지어 자기 일이 아니라고 발뺌까지 한다. 응당 해야 할 자신의 책임과 의무는 망각한 채 조그만 권리나 이익은 끝까지 주장하고 챙긴다. 이런 사람을 회사가 해고하는 것도 우리나라 근로기준법상 쉽지 않다. 이런 법적인 약점을 교묘히 이용하기도 한다.

기업들은 좋은 사람을 뽑기 위해 많은 노력을 기울인다. 첫 번째가 기업마다 바람직한 인재상을 확립하는 것에서 출발한다. 근면 성실한 인재, 창의적인 인재, 도전적인 인재, 문제해결 능력이 있는 인재 등 기업마다 인재상은 천차만별이다. 가장 큰 영향을 미치는 것은 창업자나 최고경영자의 의지다. 기업마다 사업의 성격,

제품의 종류, 시장, 기업문화도 인재상을 결정하는 중요한 요소가 된다.

다음으로 기업들은 각기 인재상에 가장 부합하는 사람을 뽑기 위해 노력한다. 기업들은 선발 과정에서 지원자를 다양한 방법을 통해 평가하여 고르고 또 고른다. 서류전형을 하고 인성검사, 적성검사도 치른다. 면접도 실무자에 의한 1차 면접, 임원이나 경영자에 의한 2차 면접 등 여러 단계의 면접을 거친다. 심지어 과거 삼성 이병철 회장은 면접을 볼 때 관상을 보는 사람을 면접관으로 활용했다는 얘기는 유명하다.

인재상을 마련하고, 온갖 다양한 방법을 통해 인력을 채용하는데도 여전히 채용은 어렵다. 가장 큰 어려움은 우선 기업에서 원하는 인재를 만나기가 쉽지 않다. 대졸 취업난에 채용공고가 나가면 수천 명, 수만 명이 몰린다는데 무슨 말이냐고 할 것이다. 몰리는 곳은 몇몇 대기업이나 이름 있는 기업들의 얘기다. 특히 지방의 중소기업에서는 먼 나라의 이야기처럼 들린다. 대기업, 수도권 기업, 고연봉에 맞춰진 구직자들의 눈높이를 맞추기 어렵다. 능력있는 사람을 어렵게 뽑아도 언제 떠날지 모른다는 걱정에 아예 채용을 포기하기도 한다.

얼마되지도 않은 구직자 풀pool 가운데 사람을 뽑으니 여러 가지 한계가 있다. 채용하고자 하는 포지션이 수행해야 할 직무요건에 부합하지 않는다. 그래서 어쩔 수 없이 채용하는 경우도 흔히 있다. 몇 번에 걸쳐 추가 채용공고를 내도 지원자가 없으면 좀 부족해도 업무를 하면서 익히지 않을까 하는 희망으로 뽑는다. 채용해야 하는 자리가 오랫동안 공석이었거나 급한 자리라면 더 말할 필요가 없다. 뭔가 예감이 좋지 않았는데 나중에 문제가 생기면 후회해도 소용없는 경우가 생긴다.

기업에서 사원을 채용하면서 가장 고민하는 것 중의 하나가 어떤 사람을 채용하느냐이다. 기업은 각 분야에서 최고의 인재를 뽑기를 원하지만, 현실적으로 불가능하다. 기업에 우수한 사람들만 모여 있다고 다 잘되는 것도 아니다. 해외유학파, 명문대학 출신, 박사들만 모아놓은 기업이 최고의 성과를 내는 것은 결코 아니다. 기업이 원하는 직무요구 능력보다 필요 이상의 자격을 갖춘 일명 '오버 스펙over spec'이 오히려 부정적인 효과를 낼 수도 있다. 설령 이런 사람이 채용되어도 회사에 만족하지 못하고 얼마 못 가 스스로 퇴사할 가능성이 크다. 기업이나, 본인 모두에게 손해이자 손실이다. 그래서 기업은 '최고의' 인재보다는 '적합한' 인재를 채용하고자 한다.

인재의 적합성에는 크게 두 가지가 있다. 첫째는 일을 잘하는 사람이고, 둘째는 조직과 잘 맞는 사람이다. 전자를 우리는 개인-직무 적합성P-J Fit: Person-Job Fit이 좋은 사람이라고 하고, 후자를 개인-조직 적합성P-O Fit: Person-Organization Fit이 좋은 사람이라고 한다.

개인-직무 적합성은 기업 입장에서 가장 중요하다. 기업의 일차적인 목적이 직무를 통해 성과를 내는 조직이기 때문이다. 직무에 적합한 직원들이 많을수록 기업은 더 큰 성과를 낼 가능성이 크다. 기업은 해당 업무 분야에 있어 최고의 전문성을 가지고 있고 역량을 발휘할 사람들을 채용하기를 원한다.

개인-조직 적합성도 무시할 수 없는 고려 요소다. 아무리 전문 분야의 최고의 실력을 겸비하고 있어도 몸담고 있는 기업의 조직문화, 분위기, 사람들과 조화롭게 어울리지 못하면 제대로 적응할 수 없다. 기업에서 사람을 뽑을 때 그 사람의 성격, 태도, 인성 등 업무 외적인 요소도 중요하게 고려한다.

직무 적합성, 조직 적합성 모두 중요하다. 어느 것을 더 중요하게 생각하는가는 기업마다 추구하는 바에 따라 다를 수 있다. 기업의 문을 두드리는 구직자의 처지에서 생각해 보면 취업하고 싶은 기업이 두 가지의 적합성 가운데 어느 것을 더 중요하게 여기는지 잘 알고 준비한다면 취업의 성공률을 보다 높일 수 있을 것이다.

보상, 공평과 공정 사이에서

대우를 받고 싶어 하는 마음은 모두가 같다. 직장에서의 대우는 인격이 아니라 경제적 보상이다. 그래서 직장생활을 하면서 가장 뜨거운 주제 가운데 하나가 보상일 것이다. 왜냐하면, 직장인들에게 가장 예민한 부분이 일한 만큼 제대로 보상받느냐에 있기 때문이다. 매년 임금인상이나 연봉조정이 이루어질 때마다 회사와 노조, 회사와 개인 사이에 많은 갈등과 치열한 논쟁이 벌어지곤 한다. 어떻게 하면 직원들의 능력과 성과에 기반하여 공정한 보상을 할 수 있을까는 경영자나 인사팀의 중요한 과제가 되고 있다.

보상을 이야기할 때 이해 당사자 간에 부딪히는 부분이 '공평公

平' 과 '공정公正' 의 문제다. 공평과 공정은 비슷한 말이지만 분명한 차이가 있다. 사전적 의미로 공평은 '어느 쪽으로도 치우치지 않고 고름' 이라고 되어 있고, 공정은 '공평하고 올바름' 이라고 정의하고 있다. 공정이 공평을 포함하는 보다 더 큰 의미이고, 공평은 똑같다는 '고름' 에, 공정은 정의롭다는 '올바름' 에 방점이 있다. 영어로 표현하면 공평은 'equality' , 공정은 'fairness' 에 보다 가깝다고 할 수 있다.

보상은 원칙적으로 제한된 자원을 가지고 구성원 간에 나누는 것이다. 자원을 모든 사람에게 일률적으로 동일한 금액을 주느냐, 아니면 한 사람 한 사람의 능력과 기여에 따라 차등하여 주느냐가 논란이 된다. 분명한 것은 차별이 아니다. 대체로 집단주의 문화인 우리나라와 같은 동양 사회는 전자가, 개인주의가 발달한 서구사회는 후자가 우세한 편이다. 한 기업 내에서도 생산직이 중심이 되어 있는 노동조합은 전자를, 사무직 사원들은 후자를 보다 더 지지하고 선호하는 편이다.

보상에 관한 이론과 관련하여 유명한 이론이 아담스J. S. Adams가 1965년에 주창한 '공정성 이론Equity Theory' 이다. 공정성 이론은 자신이 기울인 노력, 다시 말해 투입과 자신이 받는 보상, 즉 산출이 같다고 인식될 때 분배적 정의distributive justice가 실현된다고 주장한다. 직원 개개인은 조직 내외의 다른 사람들과 투입과 산출의 비율을 비교하여 공정, 또는 불공정을 느끼게 된다. 비교결과 직원이 불공정성을 지각하면 인지부조화cognitive dissonance를 경험하게 되고, 해소책으로 노력 등 투입물을 줄이거나 보다 많은 보상을 요구하고, 최악의 경우에는 회사를 떠난다.

개인의 능력과 성과에 따른 차등적 보상이 공정한 보상이라고 할 때도 정도에 대해 논란이 있다. 유명한 이론이 토너먼트 이론Tournament Theory이다. 에드워드 레이지어Edward Lazear 스탠퍼드대 경영대학원 교수가 주창한 이론이다. 이긴 승자에게 더 많은 보상이 주어진다는 보상이론이다. 가장 극단적으로 일어나는 분야가 스포츠, 그것도 개인 스포츠에서 많다. 골프, 테니스, 자동차 레이싱, 바둑 등이 대표적이다. 토너먼트 방식으로 경기를 치르면서 우승자에게 상금의 대부분이 지급되는 이른바 '승자독식Winner Takes All'의 형태를 취한다. 2021년 전 세계적으로 인기를 끈 '오징어 게임'이라는 드라마를 보면 456명의 참가자들이 456억 원의 상금을 차지하기 위해 단 한 명이 남을 때까지 서바이벌 게임을 벌인다. 수많은 패자의 생명을 밟고 전진한 최후의 승자 1명이 모든 상금을 독식하는 것이 과연 정의로운 것인지에 대한 논란이 있었다.

기업에서 임원에 대한 보수의 적정성에 관한 논란도 어제오늘의 얘기가 아니다. 미국의 글로벌 기업의 경우 최고경영자와 일반 직원 간의 임금 격차가 수백 배에 이르는 것이 당연시되고 있다. 국내 자료로 서울대 경영학과 신재용 교수의 〈공정한 보상

〉에서 통계자료를 제시하고 있어 간접적이지만 상황을 엿볼 수 있다. 2018년 기준 약 2,200여 개의 상장기업의 보상 배율로 나타낸 보상격차는 등기임원과 직원 간에 7.14배, 등기임원과 미등기임원 간에 평균 2.86배, 미등기임원과 직원 간에 평균 2.72배였다. 대기업일수록 격차는 더 크게 나타났다. 임금인상이나 성과급 기준을 정할 때도 어느 정도 격차를 크게 할 것인가가 논쟁이 된다.

보상격차에 대해 공정성 이론과 토너먼트 이론은 상반된 견해를 보인다. 공정성 이론은 보상격차가 조직원들의 사기와 조직의 성과를 떨어뜨린다는 부정적인 견해를 보인다. 토너먼트 이론은 긍정적인 견해를 취하고 있다. 즉, 토너먼트 이론의 관점에서 보상의 격차가 크면 클수록 토너먼트 참가자들이 최고의 보상을 획득하기 위하여 최선의 노력을 기울이게 하는 동기부여가 되고, 우수한 능력을 갖춘 참가자들의 참여 유도와 이탈을 방지할 수 있다고 주장한다. 대체로 개인의 역량이 결과에 미치는 정도가 큰 경우에 토너먼트 이론이, 집단의 종합적인 역량이 성과에 크게 영향을 미치는 경우에 공정성 이론이 더 지지를 받는다.

기업 내에 있는 사람들에 따라서도 입장에 따라 의견이 갈린다. 경영자나 고성과자 같은 경우는 격차를 크게 하기를 원하고, 일반 직원이나 저성과자의 경우 격차를 적게 하기를 원한다. 보상격차가 커야 한다고 하는 측에서는 보상격차가 작으면 무임승차free rider 문제의 발생과 함께 아무도 노력하지 않을 것이라는 우려를 한다. 반대의 견해에 있는 사람들은 자칫 조직의 화합을 깨트릴 수 있다고 주장한다.

사실 두 이론 가운데 어느 입장이 맞고 틀리고의 문제는 아닌 것 같다. 대기업 · 중소기업 간, 정규직 · 비정규직 간, 성별 · 연령 별 임금 격차의 심화가 사회적 문제가 되고 있는 우리나라 상황에서 지나친 격차는 문제가 있다. 그렇다고 강제로 규제하는 것은 기업의 자율성과 특수성을 전혀 고려하지 않는 것이 될 수 있다. 신재용 교수는 토너먼트 이론과 공정성 이론이 공존할 수 있을까, 라는 물음을 던지고 있다.

최근 MZ 세대를 중심으로 공정성에 대한 요구가 거세다. 어린 유치원 시절부터 대학입시, 취업에 이르기까지 수많은 토너먼트 경쟁을 거치며 살아왔다. MZ 세대에게 공정성의 핵심은 능력주의Meritocracy다. 〈정의란 무엇인가Justice〉의 작가 마이클 샌델 Michael Sandel 하버드대 교수가 능력주의에 대해 〈공정하다는 착각 The Tyranny of Merit〉에서 신랄하게 비판했다. 그럼에도 MZ 세대들에겐 능력주의가 그나마 공정성을 확보하는 최선의 방법이라고 믿는다. 능력주의는 최고의 가치이며, 낙하산, 부모 찬스와 같은 불공정한 행위는 참지를 못한다. MZ 세대는 2020년 인천국제공항공사의 비정규직 사원의 정규직화를 반대했고, 2021년 SK하이닉스의 성과급 지급과 관련하여 투명성과 공정성에 대해 이의를 제기했다.

시대적 흐름에 보상의 공정성 확보를 위해 많은 학자들이 여러 가지 대안을 제시해 왔다. 하나의 명쾌한 답은 없는 것 같다. 신재용 교수는 보다 공정한 보상을 위해 결과 중심에서 과정 중심으로, 단기적 관점에서 장기적 관점으로, 정량적 기준에서 정성적 기준으로, 집단중심에서 개인중심으로 이동하는 평가 및 보상방식의 변화를 제언하고 있다.

결국, 보상의 공정성이 지지되고 담보되기 위해서는 평가의 공정성이 가장 중요하다. 평가가 공정하기 위해서는 목표설정부터 평가과정, 보상방법 등에 이르기까지 전 과정에 걸쳐 공정성과 투명성을 확보하여야 한다고 생각한다.

"보상의 공정성이 지지되고 담보되기 위해서는
평가의 공정성이 가장 중요하다."

인사평가 제대로 하려면

싸늘하다. 공기가 싸늘하다. 사람과 사람 사이에도 싸늘한 바람이 분다. 매년 연말이 되면 인사고과 시즌이 된다. 회사 분위기가 말이 아니다. 사무실마다 공기가 착 가라앉고 무겁다. 평가자는 평가자대로 피평가자는 피평가자대로 여간 스트레스가 아니다. 모두가 극도로 예민해 있다. 1년에 한 번 하는 인사평가 결과가 연봉, 성과급, 승진에 직접적으로 영향을 미치기 때문이다.

인사평가에서 가장 중요한 것이 공정성이라는 것은 누구나 공감한다. 인사평가를 실시하는 기업에서 공정성 확보를 위해 온갖 아이디어를 짜낸다. 목표설정이 중요하다고 하여 개인별 성과를 가장 잘 측정할 수 있는 평가지표를 개발한다. 평가자의 오류를 줄이기 위해 평가자 교육을 실시하고, 다양한 사람에 의해 평가하는 다면평가도 도입해 본다. 1년에 한 번 평가하던 것을 분기별 또는 반기별로 평가횟수를 늘려 보기도 한다. 다양한 노력에도 불구하고 여전히 인사평가제도의 만족도를 조사해 보면 십중팔구는 불만이다.

취업포털 잡코리아가 2022년 2월 실시한 직장인 351명을 대상으로 '인사평가 결과 만족도' 설문조사 결과를 보면 75.8%가 '만족스럽지 않다' 라고 했다. 불만족 이유로는 '평가 방법과 기준이 공정하지 못하기 때문' 이 49.2%로 가장 많았다. 이어 '연봉 인상과 승진 등에 반영되지 않는 형식적인 절차라서' 27.1%, '상대평가라 열심히 해도 누군가는 낮은 점수를 받기 때문' 19.5% 등이 꼽혔다. 이외에 '성과가 아닌 야근 빈도 등 업무태도가 결과에 영향을 미치기 때문에', '평가 기준 자체가 애매해서', '평가자가 실무자의 업무를 정확히 파악할 수 없기 때문' 등의 이유를 들었다.

일반적으로 인사평가의 공정성이 확보되기 위해서 평가도구가 타당도validity와 신뢰도reliability가 높아야 한다. 쉽게 얘기해서 타당도妥當度는 평가하고자 하는 것을 평가도구가 얼마나 정확하게 측정하느냐이고, 신뢰도信賴度는 어떤 평가도구가 동일한 대상을 측정하였을 때 일관성 있는 결과를 측정하는 정도이다. 예를 들어 어떤 시험문제가 학생들의 실력을 있는 그대로 잘 측정하는 문제라면 타당도가 높은 것이고, 그렇지 못하면 낮은 것이다. 중간시험과 기말시험을 보았을 때 학생들의 성적 결과가 일관성 있게 나왔다면 신뢰도가 높고, 그렇지 않으면 낮은 것이다. 타당도와 신뢰도가 모두 높으면 좋겠지만 둘 다 만족시키는 게 쉽지 않다. 많은 경우 타당도는 높은데 신뢰도는 낮고, 반대로 신뢰도는 높은데 타당도는 낮은 경우가 발생한다.

이제 인사평가의 단계를 하나하나 따라가 보자. 첫 단계가 목표설정이다. 중요한 부분이기도 하다. 왜냐하면, 목표가 없으면 측정할 대상이 없기 때문이다. 목표를 설정할 때 지켜야 할 원칙으로 흔히 스마트SMART하게 하라고 많이 얘기한다. 조지 도란George Doran이 1981년 메니지먼트 리뷰Management Review에 게재한 논문에 제시한 5가지 원칙이다. 목표는 구체적이고Specific, 측정 가능하며Measurable, 달성 가능하고Achievable, 현실적이며Realistic, 기한이 정해진Time-bound 것이 좋다. 특히 강조하고 싶은 것은 목표설정은 상사가, 회사가 일방적으로 정해주는 것이 아닌 개인과 협의를 통해 함께 정하여야 한다. 그렇게 해야 목표 달성을 위해 열심히 노력하게 되고, 평가결과에 대한 수용성acceptability도 높아질 수 있다.

설정된 목표는 여러 가지 지표로 나타난다. 많이 사용하는 지표가 '핵심성과지표'라고 하는 KPIKey Performance Indicator일 것이다. 어느 개인이 하는 업무가 수십 가지라고 할 때, 모든 것을 전부 평가의 대상으로 하는 것이 아니라 중요하다고 생각되는 몇 가지를 지표로 정하여 결과를 평가하기 위함이다. 적정 KPI 숫자가 몇 개인지 정해진 것은 없으나, 아무리 많아도 10개 이하로 하는 것이 바람직하다. 각 KPI는 중요도별로 가중치가 정해지는 것이 좋다. KPI는 개인 차원에서부터 팀, 부문, 회사 전체의 차원까지 수립되며, 목표 상호 간에 서로 정렬alignment되어 있어야 한다.

서울대 신재용 교수는 〈공정한 보상〉에서 좋은 지표는 민감하고sensitive, 정확하며precise, 목적정합적congruent이어야 한다고 말한다. 민감한 지표란 직원이 노력하면 결과로 성과가 좋은 지표다. 정확한 지표는 직원의 노력이 성과 향상에 반영되는 정도를 오차 없이 정확하게 측정하는 지표다. 목적정합적인 지표는 해당 지표가 좋아지면 작게는 단위조직이, 크게는 회사가 좋아지는 지표이다.

다음 단계는 이제 실제로 평가가 이루어지는 단계다. 평가자가 주축이기 때문에 무엇보다 평가자의 평가오류를 최대한 줄이도록 하여야 한다. 많은 오류가 발생하는데 기업현장에서 가장 흔한 오류는 관대화 경향leniency tendency과 중심화 경향central tendency이다. 비공식적 인간관계를 중요시하고 인정주의가 우세한 우리나라에서 특히 많이 나타난다. 이러한 평가오류는 평가의 주요 목적인 변별력을 잃게 하여 성과가 좋은 사람이나 나쁜 사람이나 똑같은 평가를 받게 할 우려가 있다. 폐단을 방지하고자 어쩔 수 없이 각 등급별 강제배분법을 도입하기도 한다. 이 외에 후광효과halo effect, 최신효과primacy effect, 미운털 효과horn effect 등의 평가오류 유형이 있다.

평가의 마지막 단계는 피드백feedback이다. 피드백은 평가자와 피평가자가 직접 만나서 하는 것이 좋다. 껄끄러운 경우, 특히 평가 결과가 안 좋은 경우 서류로 통보하는 경우가 종종 있다. 이러한 피드백은 자칫 평가에 대한 공정성, 투명성의 시비를 불러올 수 있다. 심하게는 평가 자체에 대한 불신과 결과에 대해 수용할 수 없다는 반발로 나타날 수도 있다.

사람이 사람을 평가한다는 게 근본적으로 편치 않다. 우리가 인사평가를 한다는 것은 인성이나 성격, 사람 됨됨이를 평가하는 것이 아니다. 일에 대한 평가, 성과에 대한 평가를 하는 것임을 명심해야 한다. 이를 통해 업무를 더 잘할 수 있도록 하고, 회사의 성과를 더 좋게 하는 데 있다. 또한, 직원들의 역량을 배양할 수 있는 교육의 기회다. 평가자나 피평가자 모두 열린 마음으로 인사고과를 대할 필요가 있다.

완벽한 인사평가 제도는 없다. 아무리 제도적으로 빈틈없고 촘촘하게 설계해도 문제점이 노출된다. 결국, 인사평가는 사람에 의해 이루어지기 때문에 여러 가지 오류가 발생할 수밖에 없다. 다만 최대한 오류를 줄여나가면서 보다 더 나은 제도를 만들기 위해 개선해 나갈 뿐이다.

최근 MZ 세대는 지금까지 어떤 세대들보다 공정하고 합리적인 평가와 보상에 민감하다. 인사부서에서 각자의 회사에 맞는 평가제도를 어떻게 하면 보다 더 개선하면서, 평가자와 피평가자 모두를 공감시킬 것인지 끊임없이 연구하고 고민해야 할 것이다.

핵심인재 관리

"우수인재 한 명이 10만 명을 먹여 살린다." 이건희 전 삼성 회장이 인재경영의 핵심을 한 문장으로 압축하여 표현한 유명한 말이다. 그만큼 핵심인재는 기업의 생존과 미래를 결정지을 정도로 중요하다. 그래서 '인재전쟁War for Talent' 이라고 할 정도로 핵심인재를 확보하기 위한 기업 간 경쟁은 가히 전쟁을 방불케 한다.

그렇다면 핵심인재의 정의는 무엇일까? 한 때 많은 기업에서 해외 석/박사 인력을 대거 영입하면서 '해외 유학파 = 핵심인재' 라는 인식이 만연했던 때가 있었다. 과연 그런가? 진정한 핵심인재는 그 기업의 경영철학과 사업부문, 제품이나 서비스의 종류에 적합하고 특화되어 있는 사람이다. 중국 음식점의 핵심인재는 중국요리를 잘하는 주방장이지, 미국에서 서양요리를 전공한 사람이 아닌 것이다. 따라서 핵심인재 관리를 위해서는 각 기업마다 핵심인재의 정의를 명확하게 하는 것이 핵심인재 관리의 첫 단계일 것이다.

최근 해외 선진 기업들은 핵심인재가 갖추어야 할 능력으로 전문성, 지적 역량과 함께 도덕성이나 인간적 매력 등 정서적 역량을 중시하는 경향이 많다고 한다. 소니의 경우 호기심, 마무리에 대한 집착, 사고의 유연성, 낙관론, 위험 감수의 5가지 핵심인재 요건을 제시하고 있다. GE는 자기 분야의 전문/기술적 능력도 중요하지만, 직원들을 잘 관리하고 이들에게 동기를 부여하거나 적합한 사람을 찾아 일을 진척시킬 수 있는 리더십을 갖춘 사람을 핵심인재로 강조한다고 한다.

이처럼 중요한 핵심인재에 대한 관리는 어떻게 하여야 할까? 이에 대해서는 〈한국형 인재경영〉(차종석 외)에 잘 정리되어 있어 그 중 몇가지 내용을 소개한다.

첫째, 제도는 공개하지만 핵심인재 리스트는 비공개로 한다. 이는 개인 연봉금액에 대해 비밀로 하는 것과 유사한데, 동료들 간의 위화감을 가능한 줄이기 위한 것이다.

둘째, 핵심인재 풀talent pool에 들어가고 나가는 것을 매년 갱신한다. 한번 핵심인재가 되었다고 해서 영원한 것이 아니며, 조직 구성원 모두가 도전할 수 있도록 자극을 주는 수단이 되어야 한다.

셋째, 핵심인재는 목적에 따라 유형별로 구분하여 관리한다. 예를 들어 후계자 양성이 목적인 '미래 리더형 인재', 기업이 요구하는 분야별 전문역량을 가진 '전문가형 인재', 현 직무에서 높은 수익을 창출하는 인재인 '고성과자 인재' 등으로 나누어 관리한다.

회사에서 핵심인재로 선정하여 많은 공을 들이지만 회사를 떠나는 경우도 있다. 이들이 회사를 떠나는 이유는 다양하다. 자신의 역량에 비해 제대로 대우를 못받는다고 생각할 수도 있고, 교육기회나 성장의 기회가 없다고 할 수도 있다. 따라서 능력과 성과에 따른 적정한 보상과 교육기회를 부여하여야 한다. 아울러 향후 회사 내에서 성장할 수 있는 비전을 보여주어야 한다. 또한 뛰어난 능력을 지닌 인재를 인정하고 서로 키워줄 수 있는 조직 분위기를 정착시키는 것도 중요하다.

한편, 소수의 핵심 인력 위주의 인재 관리에 대한 우려를 나타내는 의견도 있다. 전체 5% 이하의 직원에 대한 선택과 집중이 나머지 95% 직원들의 불만을 야기할 수도 있다는 얘기다. 스탠퍼드 대학의 제프리 페퍼Jeffrey Pfeffer 교수는 "핵심인재에 대한 지나친 차별 관리는 득보다 오히려 실이 많을 수 있다. 자칫 잘못 운영될 경우 대다수 구성원들의 소외감 야기, 이로 인한 사기 침체, 팀웍 저하 및 생산성 감소뿐만 아니라 파괴적 조직문화까지도 양산할 수 있기 때문이다"라고 한 바 있다.

핵심인재라고 하면서 기존 직원들보다 월등히 높은 보수와 직급으로 외부에서 채용하는 경우 사기 저하와 충성도 하락의 문제가 발생할 수도 있다. 또한 과도한 개인 간 금전적 보상의 격차는 구성원들 간의 지나친 내부 경쟁 의식을 부추겨, 조직 내 구성원들 간의 지식공유와 팀웍을 해치는 원인이 되기도 한다.

또 다른 우려로 충분한 잠재 능력을 갖춘 인재를 도태시킬 수 있다는 것이다. 지나치게 핵심인재 관리에 몰두할 경우 잠재력을 갖춘 보통 인재들이 성장할 수 있는 기회가 상대적으로 제한될 수 있다는 점이다. 이러한 문제점을 해결하기 위해서는 새로운 가능성과 열정을 갖춘 잠재 인재에 대해서도 핵심 인재군으로 편입될 수 있는 통로를 열어줘야 한다. 정기적으로 심사평가를 하여 누구나 핵심인재군으로의 입출입이 가능하게 하여야 한다.

대기업은 그나마 핵심인재에 대한 개념 정립, 체계적인 보상과 교육시스템을 갖추고 비교적 관리가 잘 되고 있다. 문제는 중소기업이다. 중소기업 CEO들의 인재에 대한 고민은 생각보다 크고 깊다.

삼성경제연구소가 펴낸 〈중소기업, 인재가 희망이다〉는 이러한 문제점을 잘 지적하고 있다. 이 책은 중소기업 경영진 스스로 "사람이 없다"라고 하소연하기에 앞서 '인재경영'에 대한 의식을 새로이 정립해야 한다고 이야기한다. 그러면서 중소기업의 사장은 사람에 미쳐야 한다고 말한다. CEO가 아니라 C人O가 되어야 한다는 것이다.

핵심인재는 기업의 흥망성쇠를 결정지을 수 있을 만큼 매우 중요한 자원이다. 따라서 기업의 리더와 인사부서는 핵심인재 관리에 무엇보다 관심을 기울일 필요가 있다.

승계계획의 중요성

태종 이방원이 충녕대군이 아닌 양녕대군에게 왕위를 물려주었다면 어떻게 되었을까? 그랬다면 우리가 지금 사용하고 있는 한글이라는 게 존재하기나 했을까? 다행히 태종이 장남에게 왕위를 계승한다는 원칙을 파기하면서까지 3남이지만 준비된 충녕대군에게 왕위를 물려주었기에 성군 세종대왕이 있었고, 오늘날 우리가 세계적으로 우수한 문자인 한글을 사용할 수 있게 된 것이 아닌가 생각한다.

이는 비단 국가에만 해당하지 않는다. 기업에서도 누구에게 경영권을 물려주느냐에 따라 그 기업의 미래가 달려있다 할 정도로 매우 중요하다. 이런 일련의 활동을 승계계획Succession Planning이라

한다. 핵심 포지션별로 유능한 인재를 발굴하고, 이들의 역량을 개발, 육성 및 배치하는 일련의 종합적인 핵심인재 관리활동이다. 이는 단순히 승진이나 공백을 메우는 배치와는 달리, 장기적으로 기업의 전략적 목표를 달성하기 위해 필요한 핵심인재를 체계적으로 육성하고 개발하는 보다 폭넓은 개념이라고 할 수 있다.

승계계획은 기업의 지속경영sustainable management이라는 관점에서 짐짐 더 그 중요싱이 커지고 있다. 기입이 단순히 직자생존만 해서는 안 되며, 기업의 조직문화, 기업가 정신, 각 기능별 역할 등이 다음 담당자, 세대에게 성공적으로 전달되는 것이 중요한 이슈로 자리 잡게 된 것이다. 아무리 유능한 경영자나 관리자라 할지라도 언젠가는 은퇴하거나 퇴직을 하는 때가 온다. 따라서 미리 후임자를 선정하고 육성하여 준비하는 것은 아무리 강조해도 지나치지 않는다.

승계계획을 가장 시스템적으로 잘 갖추고 실천하고 있는 회사로 알려진 회사는 아마도 GEGeneral Electric일 것이다. 발명왕 에디슨이 1892년에 설립한 GE는 지난 130년 동안 총 10명의 CEO가 철저한 승계 과정을 통해 임명되어 왔다고 한다. '20세기 최고의 경영자' 로 불렸던 잭 웰치Jack Welch는 6년간의 승계 과정을 거쳐 CEO에 선임되어 1981년부터 2001년까지 무려 20년간 GE를 이끌었다. 그 뒤를 이은 제프리 이멜트Jeffrey Immelt 회장은 총 6년 5개월의 승계 과정을 거쳐 선임되어 16년간 재임하였다. GE가 한 시대의 경영 패러다임을 주도한 유능한 최고경영자를 지속적으로 배출한 것은 결국 GE의 철저한 승계 시스템이 있었기에 가능했다고 볼 수 있다.

승계계획은 기업의 CEO에 국한되지 않는다. 기업을 구성하는 부문, 팀 등 하위 단위에서도 매우 중요하다. 기업이 잘 되려면 산하 각 기능을 담당하는 임원, 팀장들의 역량이 중요하며, 결국 그들의 승계가 어떻게 이루어지느냐가 기업 전체의 경쟁력에 영향을 미칠 수 있기 때문이다.

이처럼 승계계획의 중요성에도 불구하고 실제 승계계획이 있고 정상적으로 시스템이 작동되는 회사는 생각보다 많지 않다. 미국의 경우에도 2021년 8월 미국인사관리협회SHRM 회원들인 HR 전문가 580명을 대상으로 실시한 설문조사에서 겨우 21%만이 공식적으로 승계계획을 가지고 있다고 하였고, 24%는 승계계획이 있기는 하나 비공식적이라고 답했다고 한다. 결국 과반이 넘는 회사에서는 승계계획 자체가 없다는 것이다.

우리나라의 경우는 어떨까? 정확한 조사결과가 없어 잘은 모르겠지만 아마도 미국보다 훨씬 더 낮을 것으로 보인다. 일부 대기업이나 글로벌 외국계 기업이 아니라면 거의 없을 것으로 추측된다. 그나마 있다고 해도 진정한 의미의 승계계획이라기 보다는 가족기업의 경영권이나 소유권을 자녀에게 승계하는 가업승계 정도가 아닐까 생각한다. 그것도 핵심인재를 체계적인 절차에 따라 차기 후

계자로 선정하고 육성하는 것이 아닌 상속세나 증여세 같은 세금을 어떻게 하면 절감할 수 있을까 하는 수준에 머물러 있지 않나 생각한다.

다행히 내가 재직하고 있는 외국계 회사에서는 완벽하지는 않지만 나름 승계계획이 있어 이를 운영하고 있다. 공식 명칭은 SDP[Succession and Development Plan]라고 하며, 연 2회 회사의 임원 및 주요 포지션 책임자에 대해 본사와 주기적으로 리뷰를 하고 있다.

그 과정은 임원, 팀장 등 회사의 주요 핵심 보직자들의 퇴사에 대한 위험평가[risk assessment]를 하는 데서부터 출발한다. 크게 퇴사 가능성[Probability], 퇴사할 경우 회사에 미치는 영향[Impact] 지금까지 그 사람에 대해 회사가 한 투자[Investment] 등 3가지 요소를 곱하여 그 점수가 높을수록 위험성이 높다고 평가한다.

다음 단계는 각 포지션별로 그 사람이 퇴사하거나 궐위 시 승계할 잠재적 후보자를 선정하는 것이다. 일반적으로 각 포지션별로 3명 내외의 예비 후보자를 선정한다. 가능하면 사내에서 선정하며, 적합한 후보자가 없을 경우에는 외부에서 채용해야 하는 점을 적시해 놓는다.

마지막으로 후보자들에 대한 육성계획을 세우는 것이다. 회사의 주요 핵심인재 관리 프로그램인 IDP[Individual Development Plan]와 연계하여 실시하는데, 차상위[N+1] 상사가 후보자별로 필요한 육성프로그램을 세우고 매 분기별로 진행사항을 사내에서는 물론, 본사와도 주기적으로 검토하고 업데이트update 해나간다.

승계계획은 이제 해도 그만 안 해도 그만이 아니라 반드시 해야 하는 필수가 되고 있다. 승계계획은 인재의 파이프라인pipeline과 같은 역할을 한다. 기업이 지속가능한 기업으로 남기 위해서는 회사를 이끌어 갈 리더와 인재들이 릴레이 경주를 하듯 단절 없이 바통을 이어가야 하는 것과 같다.

저성과자 관리

모든 조직에 우수한 인재들만 모여 있으면 얼마나 좋으련만 현실에서는 불가능에 가깝다. 설령 우수한 사람들만 모아 놓는다고 해도 그중에 일정 비율의 상대적 저성과자가 생기는 것이 조직의 기본적인 생리다. 기업의 입장에서는 모든 직원이 회사의 목표를 향해 일사불란하게 움직여주기를 바라지만 이들 저성과자들로 인해 늘 골치가 아프다.

기업들은 핵심인재 관리에 대해서는 많은 노력을 기울인다. 반면 이른바 'C급 인력'이라고 하는 저성과자low performer들에 대해서는 상대적으로 덜 관심을 기울이거나, 심하면 거의 방치하다시피 한다. GE 같은 경우는 매년 10%를 저성과자로 분류하여 강제로 퇴

출시키는 것으로 유명하지만 한국의 상황에서는 쉽지 않은 것이 현실이다. 법적으로 명확하고 엄격한 기준에 의하지 않으면 저성과자를 해고하거나 인사상 불이익을 주는 데 많은 제약이 있다. 여기에 한국의 오랜 유교적인 전통과 온정주의 문화도 일조한다.

저성과자 관리가 핵심인재 관리 못지않게 중요한 이유가 있다. 바로 저성과자는 저성과자만의 문제에 그치지 않고 고성과자, 중성과자에게까지 나쁜 영향을 미치기 때문이다. 한 마리의 미꾸라지가 온 강물을 흐리는 것과 같다. 저성과자들이 일을 못하면 고성과자들이 그 일을 고스란히 떠안게 되고, 이로 인해 업무 과부하와 스트레스를 받는다. 여기에 고성과자와 저성과자 간에 확실한 차등 보상을 하지 못하면 고성과자들은 상대적인 역차별을 느끼게 되고, 이로 인한 불만으로 심하면 퇴사까지 한다. 악화가 양화를 구축하는 셈이다.

저성과자들은 저성과자들을 좋아한다고 한다. 그래서 끼리끼리 모인다. 그리고 고성과자들을 뒷담화하면서 서로 간에는 깊은 동지애마저 느낀다. 특히 저성과자가 관리자의 위치에 있으면 문제는 더욱 심각하다. 이들 저성과 관리자들은 부하직원들을 옳은 방향이 아닌 잘못된 방향으로 이끈다. 성실히 열심히 일하는 부하직원을 '네 회사도 아닌데 뭘 그렇게 열심히 하느냐' 는 등 오히려 핀잔하고 무안을 준다. 그래서 저성과자가 또다시 저성과자를 양성하는 악순환이 벌어지는 것이다. 나아가 이들을 규합하고 집단을 이루어 회사 내에서 누구도 함부로 할 수 없는 불가침의 카르텔을 형성하기까지 한다.

기업에서 고성과자, 저성과자를 분류할 때 가장 많이 사용하는 방법이 매킨지에서 개발한 '9 Box Matrix' 이다. 이는 잠재적 역량 Potential Competency과 성과Performance의 두 가지 측면에서 평가하여 분류하는 것이다. 잠재적 역량은 업무에 대한 지식이나 기술 그리고 성장가능성을, 성과는 맡은 업무에 대한 실적이다. 고성과자는 잠재적 역량과 성과가 모두 우수한 사람을, 저성과자는 이 두 가지가 모두 부족한 사람을 말한다.

저성과자 관리는 이들 분류를 최대한 정확하게 하는 데서 출발해야 한다. 일부 소수의 의견만을 듣고 평가하거나, 아주 일부의 단편적인 부분만을 보고 평가하여서도 안 된다. 또한 그 사람이 가진 실제의 능력과 성과에 비해 과소평가 되어서도 안 된다. 사람들은 보통 자신이 저성과자라고 생각하지 않는 경향이 있기 때문이다.

그리고 그 평가결과는 당사자에게 정확하고 사심없이 피드백해 줘야 한다. 그래서 자신의 위치를 정확하게 파악하고 인식하도록 하여야 한다. 감정적으로 어려워서 이러한 사실을 솔직하고 명확하게 알려 주지 않는 경우 오히려 더 큰 문제를 야기할 수 있다. 도저히 지금 있는 조직에서는 자신이 있기 힘들다고 판단하여 다른 회사로 이직을 하는 경우도 있다. 만일 그런 경우 자신의 부족한 점, 약점을 정확하게 피드백 받아 알고 있다면 이를 고치고 새로운 직장에서는 저성과자가 아닌 우수인재로 대우받을 수도 있다. 실제 저성과자로 인식되었던 직원이 다른 회사로 옮긴 후에 일을 잘하고 승승장구하는 핵심인재가 되어 있는 경우도 많이 보았다. 정확한 피드백이 오히려 전화위복이 된 경우다.

저성과자 관리를 단순히 직원들을 일 잘하는 우수사원, 일 못하는 열등사원으로 이분법적으로 구분하고, 차등하는 수단에 그쳐서는 안 된다. 저성과자에도 여러 유형이 있다. 지금 하고 있는 업무가 적성에 맞지 않다면 순환보직을 이용해 다른 업무를 할 기회를 제공한다. 업무에 관한 기술이나 지식이 부족할 경우에는 교육의 기회를 제공한다. 업무태도나 열정이 부족한 경우에는 멘토를 지정하여 동기부여와 의욕을 불러일으키는 방법도 있다.

한 번 저성과자가 영원히 저성과자란 법이 없다. 이들에게 다시 고성과자, 핵심인재가 될 수 있도록 회사 차원의 세심한 관심과 관리가 필요한 이유가 여기에 있다.

"저성과자 관리를 단순히 직원들을 일 잘하는 우수사원,
일 못하는 열등사원으로 이분법적으로 구분하고,
차등하는 수단에 그쳐서는 안 된다"

내부에서 키울 것인가, 외부에서 뽑을 것인가

지금은 수시채용이 일반화되어 있지만, 과거에는 공개채용이 대세였다. 공채라고 했다. 신입사원을 대규모로 채용한 후에 사내교육을 통해 직무에 배치하는 형태였다.

나도 공채를 통해 첫 직장에 들어갔다. 대기업마다 일간지에 대대적인 채용공고를 내고, 지원자들에 대해 필기시험, 면접 과정을 거쳐 선발하였다. 선발된 직원들은 그룹에서 운영하는 연수원에 입소하여 보통 1개월 정도의 교육을 받고 각 계열사로 배치되었다. 그렇다 보니 사내에서 공채 기수만 알면 언제 입사하였는지 금방 알 수 있었다.

공채 방식은 1957년에 삼성물산에서 처음 실시했다. 그 후 주요 대기업들의 일반적인 채용방식으로 자리 잡았다. 보통 1년에 상, 하반기로 나누어 채용했다. 짧은 시간 안에 대규모 인원을 채용할 수 있는 장점이 있었다. 저인망식 인력 채용방식이었다. 당시 인력 수요가 많았던 기업 입장에서 효율적이고 비용도 적게 드는 채용방식이었다. 구직자 입장에서는 어느 기업이 언제 채용공고를 한다는 것을 알아 미리 기업의 채용방식에 맞춰 준비할 수 있는 장점이 있었다.

글로벌화가 빠르게 진행되고 업무의 세분화, 전문화가 진행되면서 공채 방식보다 수시채용으로 전환하기 시작하였다. 지금은 우리나라 대기업 가운데 몇 개 회사를 제외하고는 공채 대신 수시채용, 상시채용이 일반화되었다. 2021년 12월 조사한 10대 대기업 채용현황에 따르면 삼성, 신세계, 포스코 등을 제외하고 더 이상 공채를 하지 않겠다고 한다.

채용방식의 변화는 나름대로 이유가 있었다. 무엇보다 공채 방식은 오늘날 민첩한 변화 대응을 중시하는 비즈니스 환경에 신속히 대응하기 어렵다는 점이다. 공채로 선발된 인원을 따로 직무교육을 통해 업무에 투입하려면 시간과 비용이 많이 소요되고 제때 대응도 어렵다. 반면 수시채용 방식은 직무역량을 중심으로 필요할 때 즉시 실무에 투입할 수 있는 인원을 뽑을 수 있다는 장점이 있다. 이제 수시채용은 경력직은 물론 신입사원을 채용할 때도 폭넓게 사용되고 있다. 특히 중소기업, 외국계 기업은 거의 수시채용으로만 필요 인력을 뽑고 있다.

변화는 IMF 경제위기가 기폭제가 되었다. 당시 한국기업을 인수한 많은 외국계 기업들이 신입사원의 공채 방식이 아닌 경력직 사원의 수시채용을 하였다. 벤처붐을 타고 생겨난 많은 스타트업 기업들도 당장 업무에 활용할 수 있는 인원을 대기업 출신 경력자로 충원하였다. 점차 확대되어 경력직 채용, 수시채용은 가장 일반적인 채용방식으로 자리잡게 되었다.

채용방식의 변화와 함께 사람을 뽑아서 내부에서 양성할 것인지, 아니면 준비된 인재를 뽑아서 사용할 것인지에 대한 고민으로 이어졌다. 과거에는 한 회사에 들어가면 획일화된 교육을 통해 모든 직원이 회사의 기업문화, 일하는 방식에 동화되었다. 삼성맨, 현대맨 하듯이 각 기업마다 고유하고 배타적인 일종의 순혈주의 의식 같은 게 있었다. 그래서 몸담고 있는 회사를 떠나 다른 회사로 이직을 한다는 것은 생각하기 어려웠다.

기업 내부에서 내부 인재를 육성하여 활용하는 것은 내부조직의 안정을 꾀할 수 있다는 장점이 있다. 내부직원에게 성장할 수 있는 기회를 제공함으로써 동기부여도 할 수 있다. 단점으로는 오랫동안 한 회사에 근무하면서 변화에 대해 둔감하고 현실 안주의 매너리즘에 빠질 수 있다.

우리나라 기업의 환경이 많이 변하였다. 기존에 하던 사업이 쇠퇴하면서 새로운 사업으로의 진출이 필요했다. 그러면서 기존의 제품이 아닌 새로운 제품을 연구하고 개발해야 할 인력이 요구되었다. 글로벌화의 진행으로 새로운 국가로의 진출도 모색하여야 했다. 기존의 인력으로 새로운 사업, 제품, 시장에 효과적으로 대응할 수 없었다. 내부에 있는 사람을 교육을 통해 양성하려니 너무나 많은 시간과 비용이 소요되었다. 그 대안으로 외부로 눈을 돌려 당장 업무를 할 수 있는 전문가를 찾게 되었다.

외부에서 사람을 채용함으로써 조직의 분위기도 많이 변하였다. '메기이론' 에서 이야기하듯 외부에서 인력이 유입됨으로써 조직에 위기감을 불어넣으면서 경쟁과 변화의 촉매작용을 하기도 하였다. 신규 사업모델 진출이나 신제품 출시 등 기업의 환경변화에 신속하게 대응할 수도 있게 되었다.

외부인력 채용은 순기능과 함께 역기능도 있다. 기존 조직 내에 있었던 구성원들로부터 거부감이나 반발이 그것이다. 오랜 세월 회사에서 열심히 노력해 왔는데 갑자기 외부에서 사람이 들어오면 자신의 앞길을 가로막는 존재로 인식하게 되기 때문이다. 자기보다 경력도 적다고 생각되고 나이도 어린데 더 나은 조건과 직책을 부여받고 들어오면 상실감과 위화감이 조직 전체에 퍼질 수도 있다. 외부에서 들어 온 사람이 장기적인 기업가치의 상승보다 단기적인 성과에 집중하고, 얼마 있지 않아 회사를 떠나는 상황을 여러 차례 목격하게 되면 거부감과 반발은 최고조에 달하게 된다.

인력의 내부육성과 외부채용은 각각의 장단점을 가지고 있다. 기업마다 처한 사정에 따라 각기 가진 장점을 최대한 활용하는 방향으로 두 가지의 방법을 적절히 활용하는 지혜가 필요하다. 기업의 안정과 변화는 서로 배치되는 것이기도 하지만 동시에 공존해야 하기 때문이다.

분명한 것은 내부에서 해결할 수 없다면 외부에서 받아들여야 한다. 열면 살고 닫으면 죽는다. 외부로 귀를 열어놓아야 변화에 적응할 수 있다. 어떤 방법이 중요한 것이 아니라 늘 열린 자세로 관망하고 있는 것은 필요하다.

진정 상생의 노사문화는 요원한 일인가

대결과 화합의 기로에서 어떤 것을 선택할 것인가. 불을 선택할 것인가, 물을 선택할 것인가. 불은 타버리고 만다. 물은 성장할 수 있는 수분을 공급한다. 대결로 불 지를 것인가, 화합으로 물을 공급받을 것인가.

이 글을 쓰는 지금 시간에도 노사분규 뉴스가 각종 매스컴의 주요 뉴스로 장식되고 있다. 서울지하철노조가 총파업을 선언하였고, 서울시는 시민들의 교통불편을 해소하기 위해 비상 수송대책에 들어갔다. 한편 화물연대도 파업에 들어가 시멘트, 철강, 석유화학 등의 수송에 빨간불이 켜졌다. 정부는 파업은 불법이라면서 업무개시 명령을 내렸다. 민주노총은 반발하여 총파업을 결의하고 서울 시내에서 대규모 집회를 계획 중이다.

매년 노사분쟁이 연례행사처럼 반복되고 있다. 노사관계는 서로 이해가 상충하는 관계다. 갈등을 전제로 한다. 마찰이 불가피한 측면도 있다. 우리나라 노사관계는 다른 지표에 비해 유난히 저조하다. 2019년 세계경제포럼WEF 이 매긴 국가경쟁력 순위에서 한국이 141개국 중 13위를 기록하였다. 노사관계 협력 부문 순위는 130위다. '정보통신기술 보급' 과 '거시경제 안정성 항복' 이 2년 연속 세계 1위를 차지한 것과는 너무나 대비된다.

내가 회사에 처음 들어갔을 즈음이 우리나라 노동운동이 역사상 최고조에 달했던 때다. 1987년 6.29선언과 함께 촉발된 민주화 운동은 노동운동으로 연결되었다. 전국으로 들불처럼 번져나갔다. 1990년과 1991년의 현대중공업과 대우조선의 골리앗 농성은 노동운동의 정점이자 가장 상징적인 사건이었다. 노조가입률이 폭발적으로 증가하였고, 기존의 한국노총 이외 민주노총이 1995년 설립되었다.

30년이 더 지난 지금 우리나라 노사관계는 여전히 80, 90년대의 노사관계에서 한 발자국도 나아가지 못하고 있다는 비판이 많다. 노동법도 여러 차례 개정하였고, 신뢰를 기반으로 한 상생의 노사관계를 위해 많은 노력을 했음에도 여전히 낙후한 수준을 벗어나지 못하고 있다. 심지어 우리나라가 후진국, 개발도상국을 지나 선진국의 문턱에 들어섰으나 여기서 한 단계 도약하는 데 가장 큰 걸림돌이 후진적 노사관계가 될 것이라고 진단하는 사람들도 많다. 진정 우리나라에서 상생의 노사문화를 기대하는 것은 요원한 것인가.

우리나라 노사문화가 유독 이렇게 갈등과 분쟁의 아이콘처럼 된 데는 크게 두 가지로 생각된다. 하나는 우리나라 사회에 유독 '가진 자', 즉 사용자에 대한 '못 가진 자', 즉 노동자의 적대의식이다. 사회적 갈등을 계층 간 갈등으로 인식하는 이념이나 교육에 기인한 측면도 있다. 사용자는 노동자를 착취하여 놀면서 편안하게 부와 권력을 누리고 있다고 주장한다. 그래서 노동자는 사용자들이 누리는 부와 권력을 투쟁을 통하여 쟁취하여야 한다고 생각한다. 그래서 '일하지 않는 자여 먹지도 마라' 라고 얘기한다.

다음은 우리나라 노동운동이 너무 정치적이다. 1970년 전태일 열사가 분신하면서 외친 것은 하루 8시간 근로를 규정한 근로기준법을 준수하라는 것이었다. 정치는 없었으며, 인간다운 삶을 보장해 달라는 지극히 평범한 주장이었다. 이후 노동운동의 이론적 기초를 만들고 주도한 사람들은 이른바 '학출' 이라는 학생운동 출신들이었고, 노동운동의 경력을 발판으로 삼아 정계로 진출하였다. 노사분규의 원인에 정치적 문제가 등장하고, 파업현장에 정치적 구호가 사라지지 않는 이유다.

나 자신 오랫동안 기업에서 노사분규의 한 가운데 있었다. 많은 경험을 했다. 이를 바탕으로 노사관계의 세 주체라고 하는 노勞, 사

使, 정政에게 각각 몇 가지 제언한다.

첫째, 노동조합에게는 노동운동의 본류에 전념해주길 바라고 싶다. 파업 때마다 등장하는 정치구호는 결코 일반 국민들의 공감과 지지를 받지 못한다. 정치라는 것이 기본적으로 내 편, 네 편으로 나누고, 적군과 아군이라는 피아彼我를 명확히 하는 것을 좋아한다. 그래야 싸워야 하는 상대방이 명확해지기 때문이다. 또 싸웠다 하면 상대방이 기어코 무릎을 꿇어야 속이 시원하다. 구호는 더욱 극단적이고 행동은 더욱 극렬해진다.

'물류를 멈춰 세상을 바꾸자!' 라는 구호 정도는 되어야 한다. 이마에는 '투쟁' 이라는 머리띠를 두르고 얼굴은 복면으로 가린 채 경찰과 몸싸움과 투석전 정도는 해야 투사로서의 면모를 보이는 것이라고 생각한다. 타협과 협력은 투쟁성이 결여된 나약한 모습이며, 야합이자 어용이 되고 만다. 계파 간에는 누가 더 선명성이 있는지 경쟁하듯 한다.

둘째, 노동운동이 너무 이념적이다. 내가 과문寡聞해서인지 아직도 파업현장에 나부끼는 '노동해방' 이라는 말이 정확히 무엇을 말하는지 모르겠다. 단어 그대로 어떠한 노동에서도 자유로워지는labor-free 것인지, 아니면 신성한 노동을 존중해 달라는 것인지, 노동에 대해 정당한 대가를 해 달라는 것인지 여전히 이해가 되지 않는다.

셋째, 약자를 위한다는 노동운동이 오히려 대기업, 정규직이라는 기득권의 이익에 치중하고 있는 '귀족노조' 라는 비판의 목소리에도 귀 기울여야 할 것이다.

넷째, 사용자에 대해서도 말하고 싶은 것이 있다. 내가 사용자의 이익을 위해 직장생활을 한 사람으로서 우리나라 대부분의 기업들은 국가 경제발전과 직원들의 복지를 위해 많은 노력을 하고 있다는 것을 잘 안다. 가끔 매스컴에 오르내리는 극히 일부의 부도덕한 악덕 기업을 제외하고는 대부분은 밤잠을 설쳐가며 기업경영을 열심히 하고 있다. 오죽하면 우리나라에서 기업, 특히 제조업을 하는 기업인은 그 자체만으로도 애국자라고 이야기할 정도다.

그럼에도 사용자들에게 요구되는 것이 있다. 노사화합을 위해서는 노사 간 신뢰가 중요하다. 신뢰는 회사에서 먼저 보여줘야 한다. 신뢰를 무너뜨리는 가장 큰 요인은 노사 간 정보의 비대칭information asymmetry에서 기인하는 경우가 많다. 회사에 대한 정보는 노조보다 사용자가 훨씬 더 많이 가지고 있다. 생산, 재무, 영업 등에 관한 정보를 노동조합과 직원들에게 최대한 투명하게 공유해야 한다. 그것도 유리한 정보는 제공하고 불리한 정보는 숨기는 선택적 정보공유를 하여서는 안 된다. 신뢰는 하루아침에 형성되지 않지만, 신뢰가 무너지는 것은 한순간이다. 노사 간 신뢰만 구축돼도 노사안정의 반은 이루었다고 해도 과언이 아니다.

다섯째, 정부에게 요청하고 싶은 것은 노동현장에서 법치주의를 엄정하게 적용해 달라는 것이다. 보수든 진보든 어떤 정부가

들어서든 노사문제를 정권의 유불리를 따져서 정치적으로 대응하지 않았으면 좋겠다. 노가 되었든 사가 되었든 불법이 있다면 법과 원칙에 따라 처리해 주어야 한다. 그래야 법치가 산다. 법을 만들거나 고칠 때도 정치적 고려에 의한다거나 어느 일방에게 유리하도록 하여 기울어진 운동장이 되도록 해서는 안 된다. 노사문제에 대해 정부가 확고한 법과 원칙만 적용해도 산업현장에서 불법행위는 상당히 해소될 뿐만 아니라 노사안정을 이룰 것으로 믿는다.

공교롭게도 내가 다녔던 회사들이 이런저런 이유로 노사분규의 홍역을 많이 경험했던 회사들이다. 내가 다녔던 이들 회사들이 노사안정을 이루어 오랫동안 남아있고 해가 갈수록 더 성장하고 발전하는 회사가 되길 바라는 마음 간절하다.

한 기업은 단순히 오너나 직원들의 기업에서 그치지 않는다. 직원 가족, 협력회사, 지역사회를 넘어 국가의 소중한 자산이기도 하다. 어느 누구도 내가 다니는 회사를 함부로 해서는 안 되며, 그렇게 해도 되는 권능을 가지고 있지도 않다. 회사와 노동조합은 순망치한脣亡齒寒의 관계다. 각자의 길을 따로 가는 것이 아닌 한 방향을 보고 함께 가는 지혜가 필요하다.

"회사와 노동조합은 순망치한의 관계다.
각자의 길을 따로 가는 것이 아닌 한 방향을 보고
함께 가는 지혜가 필요하다"

다시 인사를 생각한다

사람에게 따뜻한 피가 흐르는 것은 따뜻하게 살라는 신의 명령이다. 사람이 사람을 만나게 해 주는, 사람을 기업과 만나게 해 주는 것이 인사다. 인사는 시대에 따라 변화를 거듭해 왔다. 굵직굵직한 사건들이 터질 때마다 새로운 트렌드가 생겨나고 사라졌다. 시대의 변화와 새로운 세대가 출현함에 따라 끊임없이 인사 패러다임의 변화를 요구했다.

인사에 대한 명칭부터 여러 차례 변해 왔다. 처음에는 인간의 통제와 관리에 중점을 두는 '인사관리PM: Personnel Management' 로 불렸다. 이후 사람을 조직의 중요한 자원인 인적 자본Human Capital으로 보는 관점의 '인적자원관리HRM: Human Resource Management' 라는 개념이 등장하였다. 1980년 전후 미국에서 출현해 1997년 외환 위기 이후 한국에서 확산된 '전략적 인적자원관리SHRM: Strategic Human Resource Management' 의 개념이 대세를 이루었다. 이는 기존의 인사가 채용, 교육, 평가, 보상과 같은 개별적인 인사관리 방식의 미시적 접근인 반면 회사의 전체적인 전략과 통합하고 연계하는 거시적으로 접근하는 인사관리 방식이다.

인사에 대한 명칭만 바뀐 것이 아니다. 조직이 기대하는 인사부서 및 인사관리자의 역할과 과제도 지속적으로 변해 왔다. 과거에는 인사관리자를 단순히 사람 잘 채용하고 잘 관리하는 인사담당자로 생각하였다. 인사부서는 기업에서 총무, 노무 등과 함께 관리부서의 하나 정도로 생각하였다. 그러한 일들은 기본 중의 기본이다. 이것으로는 부족하다. 추가로 회사의 전략적 목표를 수행하는데 인사부서나 인사관리자가 전략적 파트너의 역할까지 해야 한다.

데이브 얼리치Dave Ulrich 미시간대 로스경영대학원 교수는 〈HR Champions〉에서 인사 전문가의 '다중역할 모델' 을 제시한 바 있다. '21세기 인사 전문가의 새로운 역할과 과제' 라는 부제가 달린 책에서 인사 전문가는 전략적 파트너Strategic Partner이자 행정 전문가Administrative Expert이며, 직원 옹호자Employee Champion이자 변화 주도자Change Agent의 역할을 하여야 한다는 것이다.

최근 일어나고 있는 여러 가지 사건과 상황변화는 인사부서와 인사 전문가들에게 또 한 번의 변화를 요구하고 있다.

가장 대표적인 것이 코로나19이다. 2019년 11월 중국 우한에서 최초 발생하여 세계를 휩쓴 코로나19는 우리 인류의 삶은 물론 직장의 문화와 일하는 방식도 완전히 바꿔 놓았다. 언택트Untact로 대표되는 재택근무, 화상회의, 회식문화의 변화 등이 있었다. 인사 측면에서도 많은 변화를 가져왔다. 채용방식에서 비대면 면접이 대세가 되고, 집합 교육 대신 온라인 교육이 더욱 대중화되었다. 포스트 코로나 시대를 살고 있는 지금 변화된 환경에 맞는 새로운 인사가 이제는 거스를 수 없는 불가피한 상황이 되고 있다.

새로운 MZ 세대의 등장도 많은 것을 변화하도록 요구하고 있다. 기업의 주류 세대였던 베이비붐 세대, X 세대에서 빠르게 MZ 세대로 세대 교체되고 있다. 이들은 기업의 전체 인원의 거의 반을 차지하면서 새로운 사고로 무장하고 기업의 문화를 바꾸어 가고 있다. 기존에 당연시되었던 정의와 공정성에 당당하게 자신의 주장과 목소리를 내고 있다. 개인의 능력주의 존중과 일에 대한 공정한 보상을 주장하고 있다. 투명하고 공정한 인사평가도 요청하고 있다. 노동운동을 이끌고 있는 사람들에게는 낡은 노동운동의 관행을 폐지하고 새로운 노동운동의 방향 설정을 주문하기에 이르렀다.

또한, 과학과 기술의 발전은 과거 경험해 보지 못한 속도로 빠르고, 변화의 폭도 광범위하다. 인공지능AI, 로봇, 자율주행차

등의 기술발전은 우리의 삶뿐만 아니라 기존의 직업의 종말을 가속화 하고 있다. 일하던 방식의 일대 변화를 요구받고 있다. 사무실이라는 일하는 공간, 근무시간이라는 시간의 개념도 바뀌고 있다.

인사가 대변혁을 예고하고 있다. 기존의 인사의 본령은 유지하면서도, 변화된 환경에 능동적으로 변하고 대응해야 한다. 인사업무를 하는 사람들에게 닥친 숙제이자, 하지 않으면 안 되는 숙명으로 다가오고 있다. 인류역사상 최대 변화라고 하는 시대에 사는 것을 묵묵히 받아들여야 한다. 그리고 변화의 바다에 기꺼이 뛰어들어야 한다.

"인사가 대변혁을 예고하고 있다.
기존의 인사의 본령은 유지하면서도,
변화된 환경에 능동적으로
변하고 대응해야 한다"

인사업무를 해보고 싶어하는 후배들에게

인사업무의 매력은 무엇일까. 직장 생활의 대부분인 30여 년을 인사업무를 한 나는 여전히 한마디로 표현하기가 쉽지 않다. 젊은 대학생들이나 갓 입사한 신입사원이 인사업무의 매력에 대해 물으면 어떻게 답해야 할지 난감하기까지 하다.

질문의 이유는 여러 가지가 있어 보인다. 하나는 인사가 만사다, 모든 경영활동의 근간根幹이다라는 말에서 풍기듯 매우 중요한 일이라는 인식이 있다. 기업에서 가장 중요한 인적자원을 채용에서부터 퇴직까지 모두 관리하는 일이니 누구도 부인할 수 없다.

또 하나는 인사업무를 한다고 하면 힘 있는 부서에서 일하고 있다는 선입견을 많이 가지고 있다. 과거 청와대, 현재는 대통령실에서 부처 장관 후보자들에 대해 사전 인사 검증을 하는 인사수석은 다른 수석에 비해 뭔지 모르게 파워가 있어 보였다. 매년 주요 그룹에서 승진 인사를 발표하는 곳도 그룹의 기획조정실이나 비서실의 인사팀이었다. 이런 뉴스를 많이 접하다 보니 자연스럽게 인사팀에서 근무하면 소위 '끗발' 있는 부서에서 근무한다는 인식이 있었다.

마지막으로 인사업무는 누구나 쉽게 할 수 있는 업무로 생각하는 경향도 있다. 다른 분야와 달리 인사는 특별한 전문성이 없어도 할 수 있는 일로 보는 입장이다. 실제로 경영학의 인사조직 전공자가 아니어도 어문계, 사회계 전공자들 가운데 인사업무를 지원하는 사람들이 꽤 많은 편이다.

결론적으로 말하면 인사업무가 힘 있는 업무도, 아무나 쉽게 할 수 있는 업무도 아니다. 인사업무는 회사가 잘 운영될 수 있도록 우수한 인재를 채용하고 최대한의 능력을 발휘할 수 있도록 교육하고 동기부여를 해 주는 업무다. 군림하고 지시하는 업무가 아니라 지원하고 서비스해 주는 업무다. 인사업무를 오래 해 본 사람들은 인사업무가 3D 업종에 해당한다고 한다. 또 잘하면 본전이요, 잘못하면 모든 책임의 화살을 맞는 업무라고 자조 섞인 농담을 한다.

인사업무가 아무나 할 수 있는 업무라는 말도 사실이 아니다. 인사업무를 막 시작하는 단계에서는 주어진 업무를 성실하게 열심히만 하면 큰 문제가 안 된다. 그러나 직급이 올라갈수록 인사업무가 결코 간단하고 쉬운 일이 아니라는 것을 알게 된다. 회사 전체적으로 중요한 인사와 관련한 전략적 결정을 해야 하는 경우도 있고, 복잡하고 미묘한 법적 문제에 대한 지식도 요구된다. 무엇보다 사람을 관리하는 것이 얼마나 힘든 일인지도 깨닫게 된다. 구조조정의 총대를 매야 하는 상황을 맞거나 극심한 노사분쟁을 겪을 때의 정신적인 스트레스는 형언하기조차 어렵다. 인사업무는 진입장벽은 낮지만, 실제 업무에 대한 중압감과 강도는 결코, 만만치 않다.

어떤 사람이 인사업무에 적합할까. 나의 경험으로 이런 사람들이 인사업무를 하면 더 잘할 수 있겠다는 생각이 든다.

첫째, 사람에 대한 기본적인 애정이 있는 사람이다. 인간의 마음, 행동에 관심이 많은 사람이다. 애정이 있어야 관심을 갖게 되는 것이다. 왜 저 사람이 저런 생각을 하고, 왜 저런 행동을 할까에 대한 의문을 품고 이유를 생각해 보는 것을 좋아하는 사람이다. 대학에서 전공을 무엇을 했는가는 크게 중요하지 않다. 다만 심리학, 사회학, 정치학, 법학과 같은 다양한 분야에 관심을 갖는 게 좋다. 이런 사람이 실제 인사업무 현장에서 부딪치는 다양한 문제들에 대해 단편적인 대응이 아닌 심층적, 근본적인 해결책을 생각해 낼 수 있다.

둘째, 원칙은 지키면서도 유연한 사고를 가진 사람이다. 흔히들 얘기하는 머리는 냉철하고 가슴은 따뜻한 사람이다. 인사에서 정하는 규정은 회사 전체에 영향을 미친다. 기준과 원칙이 흔들리면 인사는 위엄을 잃는다. 그렇다고 꽉 막혀서는 안 된다. 많은 인사 이슈가 하나의 정답만 있지 않은 경우가 많다. 시대와 상황의 변화에 따라서 다를 수 있다. 오로지 한 가지 원칙만 붙들고 고수하면 고리타분하고 앞뒤가 꽉 막힌 사람이 되기 십상이다. 다양한 목소리에 귀 기울이고 능동적으로 변화하는 사고가 필요하다.

셋째, 커뮤니케이션을 잘하는 사람이다. 인사업무를 하다 보면 많은 사람과 만나는 경우가 많다. 채용 시 지원자들에 대해 면접을 하고, 부서 이동 시 직원 면담을 하고, 퇴직 시 퇴직자 면담을 한다. 임금이나 단체협약에 대한 노사협상에서는 회사의 교섭 대표로 교섭에 임하기도 한다. 수많은 회사 안팎의 이해관계자들과의 만남도 많다. 다른 사람들과의 대화를 통해 사람들의 생각을 잘 이해하는 능력, 그리고 나의 생각을 상대방에게 잘 설명하고 이해시킬 수 있는 능력이 매우 중요하다.

아무쪼록 인사업무를 하는 사람들, 그리고 앞으로 인사업무를 해보고 싶은 사람들이 모두 성공적인 인사업무를 수행하길 기대하고 응원한다. 왜냐하면, 아무리 시대가 바뀌어도 인사가 만사라는 것을 굳게 믿기 때문이다.

"어떤 사람이 인사업무에 적합할까.
사람에 대한 기본적인 애정이 있는 사람,
원칙은 지키면서도 유연한 사고를 가진 사람,
커뮤니케이션을 잘하는 사람이다"

에필로그

지난 2개월은 참으로 행복한 시간이었다. 다른 어떤 것도 하지 않고 오롯이 글쓰기에만 전념한 시간이었다. 생각해 보니 직장 생활을 하면서 한 가지 일에 온전히 나의 시간을 할애한 경우는 그리 많지 않았다.

내 이름을 걸고 책을 쓰는 것은 오랜 나의 버킷 리스트 중 하나였다. 하지만 막상 글을 쓰겠다고 마음먹고 시작했을 때는 과연 할 수 있을까 내심 걱정도 있었다. 주위 사람들에게 퇴직하기 전까지 책을 한 권 쓰겠다고 호기롭게 얘기를 하였던 터라 더욱 그랬다. 다른 사람에게 미리 말을 한 이유는 내 나름대로 이유가 있었다. 게으름이 많은 나를 독려하고 채찍질할 수 있는 일종의 안전장치가 될 수 있겠다 싶었다.

다행히 용케 버텨냈다. 중간에 괜히 시작했나 했다가도 다른 사람들에게 내뱉은 말이 있어서라도 포기하지 못했다. 나 스스로에 대한 약속이었지만 남들과의 약속이기도 했다. 반드시 해야 한다는 일종의 의무감과 책임 의식마저 느껴졌다. 이것이 결국 끝까지 책 쓰기에 매달릴 수 있는 힘이 되었던 것 같다.

프롤로그에서도 밝혔지만, 나의 지난 36년의 직장 생활을 정리해 보자는데 있었다. 직장생활 가운데서도 대부분의 시간을 인사 업무를 하였던 '인사쟁이' 의 관점에서 써 보려고 하였다. 직장 생활을 어차피 하는 거라면 어떻게 하면 더 행복하게, 그리고 더 잘 할 수 있을까, 나의 경험에 평소의 생각을 더해보고자 하였다. 나의 의도가 얼마나 잘 표현되고 전달되었는지 모르겠다. 나의 경험과 생각이 오늘을 사는 이 땅의 월급쟁이 직장인들, 그리고 인사쟁이들에게 조금이라도 공감이 되는 게 있다면 그것으로 만족한다.

이제 곧 정년을 마치고 회사를 떠난다. 그리고 내 앞에는 한 번도 가보지 않았던 미지의 새로운 인생이 펼쳐질 것이다. 그렇지만 결코 두려움은 없다. 오히려 더 멋진 인생이 기대되고 설레기까지 한다. 지금껏 그랬듯 무엇이든 진심을 다해 열심히 살면 다 잘될 것이라는 믿음이 있기 때문이다.

주로 내가 근무하고 있는 회사가 위치한 경주시립도서관에서 썼다. 주말과 특별한 일이 있는 날을 제외하고는 매일 이곳으로 출근했다. 경주시립도서관은 경주의 대표적인 공원인 황성공원 내에 자리 잡고 있다. 어림잡아 수령이 수백 년은 되었을 아름드리 소나무와 참나무 숲으로 되어 있는 공원이다. 글을 쓰다 잘 안 써지면 숲속에 난 오솔길을 걸었다. 그러면 아이디어도 떠오르고 생각도 정리가 되곤 했다. 가끔 산책 겸 온 적은 있었지만 10년을 경주에서 살았음에도 이렇게 아름다운 공원인 줄 몰랐다. 가을이 지나면서 공원의 나무들이 형형색색 다채로운 색으로 변하고, 찬 바람이 불기 시작하면서는 낙엽이 되어 우수수 떨어지는 모습을 볼 수 있었다. 떨어진 도토리를 찾아 이리저리 공원을 뛰노는 다람쥐와 담비들은 너무나 한가롭고 정겨웠다. 경주 생활을 끝내는 때가 되어서야 공원의 아름다움을 재발견하게 되었다.

직장 생활에 대한 고마움도 마치는 시간이 다가오니 새삼 다가온다. 직장 생활을 잘하고 무사히 정년까지 올 수 있게 된 데는 나 혼자의 힘으로 불가능했다. 많은 선배, 동료, 후배들의 도움이 있었기에 가능했다. 참으로 감사하다. 비록 회사를 나가서라도 길에서 만나면 반갑게 인사하고 안부를 물을 수 있었으면 하는 바람이다.

내가 지금껏 살아올 수 있는 데는 부모님의 신체적, 정신적 유산이 있었다. 고인이 되신 아버지로부터 따뜻한 자애로움과 세상을 사는 지혜를 배웠다. 어머니로부터는 남에게 베푸는 삶과 근면 성실함을 배웠다. 좋은 유산을 물려주신 두 분께 늘 감사하고 또 감사하다.

난 2남 2녀 중 첫째로 태어났다. 맏이의 역할을 제대로 못 했다. 늘 동생들의 도움만 받고 살았다. 학교 다닐 때, 직장 다닐 때 동생들의 도움이 없었다면 아마 제대로 다니지 못했을 것이다. 부족하고 못난 오빠, 형인데도 믿고 지지해 준 동생들에게 고맙다는 말을 전한다.

난 아이가 셋이다. 위로부터 차례로 지민, 지윤, 승민이다. 어릴 때부터 직장 생활 때문에 함께 한 시간이 많지 않았다. 한창 감수성이 예민하던 시절 같이 있지 못한 게 늘 미안하다. 다들 건강하게 잘 자라줘 얼마나 감사한지 모른다.

끝으로 인생의 동반자 박정옥 여사에게 감사의 말을 전한다. 본인 일을 하면서도 내가 없는 빈자리를 잘 지켜주었다. 내가 직장생활을 잘 마무리할 수 있게 된 데는 전적으로 아내의 덕이다. 감사하고 사랑한다.

2022년 12월

이 재 원